108 histórias
para entender a
atenção plena

ARNIE KOZAK, Ph.D.

108 histórias para entender a
atenção plena

SEXTANTE

Título original: *108 Metaphors for Mindfulness*
Copyright © 2016 por Arnold Kozak
Copyright da tradução © 2022 por GMT Editores Ltda.

Originalmente publicado por Wisdom Publications, Inc.

Todos os direitos reservados. Nenhuma parte deste livro pode ser utilizada ou reproduzida sob quaisquer meios existentes sem autorização por escrito dos editores.

tradução: Ana Beatriz Rodrigues
preparo de originais: Rafaella Lemos
revisão: Ana Grillo e Luíza Côrtes
diagramação: Miriam Lerner | Equatorium Design
capa: Estúdio Bogotá
ilustração de capa: Renata Polastri | Estúdio Bogotá
impressão e acabamento: Associação Religiosa Imprensa da Fé

CIP-BRASIL. CATALOGAÇÃO NA PUBLICAÇÃO
SINDICATO NACIONAL DOS EDITORES DE LIVROS, RJ

K89c

Kozak, Arnie

108 histórias para entender a atenção plena / Arnie Kozak ; [tradução Ana Beatriz Rodrigues]. - 1. ed. - Rio de Janeiro : Sextante, 2022.
208 p. ; 21 cm.

Tradução de: 108 metaphors for mindfulness
ISBN 978-65-5564-289-6

1. Atenção plena (Psicologia). 2. Meditação. 3. Autoaceitação. 4. Bem-estar. I. Rodrigues, Ana Beatriz. II. Título.

21-74470

CDD: 153.733
CDU: 159.952

Meri Gleice Rodrigues de Souza - Bibliotecária - CRB-7/6439

Todos os direitos reservados, no Brasil, por
GMT Editores Ltda.
Rua Voluntários da Pátria, 45 – Gr. 1.404 – Botafogo
22270-000 – Rio de Janeiro – RJ
Tel.: (21) 2538-4100 – Fax: (21) 2286-9244
E-mail: atendimento@sextante.com.br
www.sextante.com.br

À memória de McCoy e Sondra

SUMÁRIO

PREFÁCIO 13
INTRODUÇÃO 15
COMO LER ESTE LIVRO 19
METÁFORAS DA MENTE 21

    1. A mente contadora de histórias 23
    2. Um edifício de três andares 25
    3. A mente comentarista 28
    4. Mente cachorro e mente macaco 29
    5. Mente leão 30
    6. Mente aranha 32
    7. "Dissecando" a natureza 34
    8. "Mensagem pra você!" 36
    9. Botão de volume interior 37
   10. Atenção feroz 38
   11. Diferentes tipos de neve 40
   12. O despertar 41
   13. Próxima parada: Rua 110 43
   14. "Homem desce as cataratas em um barril" 44
   15. Piloto automático 45

16. "Mais de 100 canais – por apenas 99,00 por mês".............. 46
17. Mente grande.. 47
18. Forma e vazio... 48

METÁFORAS DO EU 51

19. O *Filme sobre mim*... 53
20. Uma lanterna em um quarto escuro 54
21. Testemunha 56
22. "Mostre-me o eu dentro do eu" 57
23. Pensamentos são como bolhas de sabão 58
24. Cozinhando em fogo baixo 60
25. Burro de carga... 61
26. Líder da matilha 62
27. O dedo que aponta a Lua não é a Lua........................... 64
28. O mesmo rio... 65
29. Um lago de águas paradas 66
30. "Espelho, espelho meu" 67
31. Sem representação não há taxação 68
32. Quórum 69
33. "Coloque a sua máscara de oxigênio primeiro"............. 70

METÁFORAS DA EMOÇÃO, DA MUDANÇA E DA
"LOUCURA COMUM" 73

34. Fogo da incerteza 74
35. O sal da terra 75
36. Bagagem emocional 77
37. Guardiões da solidão 78
38. Perfectomia 79
39. Dentro do buraco, com uma pá 80
40. Mente da privação.. 81

41. Trago boas e más notícias... 82
42. O Drama Sutra... 84
43. "Não acredite em tudo que você pensa"... 85
44. "Ando a 140 por hora"... 86
45. "Homem perde braço em trágico acidente de trabalho"... 88
46. Não entregue seu dinheiro do lanche... 89
47. Câimbra... 91
48. Trinta e um sabores emocionais... 92
49. Queimando e queimando... 93
50. Dando adeus à negação... 95
51. "Um antiácido, por favor"... 96
52. "Atire primeiro, pergunte depois"... 98
53. Quá quá... 100
54. Ninho de vespas... 102
55. O dentista investidor... 103
56. "Admita, você é viciado em pensar"... 105
57. "Ninguém me contou que a guerra acabou"... 106
58. Tomando conta de criança... 107
59. "Quem não arrisca não petisca!"... 109
60. Duas flechas... 110
61. "Tão emocionante quanto ver a grama crescer"... 111
62. Botão de pausa... 112
63. Não durma ao volante... 113

METÁFORAS DA ACEITAÇÃO, DA RESISTÊNCIA E DO ESPAÇO ... 115

64. Galinhas selvagens... 116
65. Mosca teimosa... 118
66. Erva daninha... 119
67. "Não está gostando do tempo?"... 120

68. "Esta folha de papel é meu universo" 121
69. "Largue as armas e se entregue!" 122
70. "Isso é repugnante! Me dê mais um pouco, por favor..." 122
71. Se quiser controlar seu rebanho, deixe-o solto num campo vasto 124
72. Apoiar-se nas pontas afiadas 125
73. A princesa e o sapato 126
74. O chão varrido nunca fica limpo 126
75. Pequenos tiranos 128
76. Aprendendo a cair 129
77. Seja você o cartógrafo 131
78. É o que é 132
79. "Chá. Preto. Bem quente" 133
80. "Traga-me uma semente de mostarda" 134
81. Dor e sofrimento 135
82. "Por que não me ajoelhei mais vezes para aceitá-las?" 137
83. Com o pé na porta 138
84. Expediente de trabalho 140
85. Armadilha para macaco 141
86. Aikido mental 142
87. Garagem bagunçada 143
88. "Os melhores lugares estão no camarote" 144
89. O céu da mente 145
90. "Nada de dançar num campo minado" 146

METÁFORAS DA PRÁTICA 147

91. "Tomem seus assentos" 148
92. A calmaria entre duas ondas do mar 148
93. Segurando um filhote de passarinho 150
94. Amolando o machado 151

95. A realidade na tabacaria 152
96. A cítara da iluminação 153
97. Aprendendo a tocar um instrumento musical 153
98. Apenas faça! 154
99. Dividir para conquistar 155
100. Sempre alerta 157
101. "Volte logo!" 158
102. "Senta... Senta... Senta... Bom garoto!" 160
103. Agarre-se à vida 161
104. A marcha dos pinguins 162
105. O hábito não faz o monge 164
106. Um seguro para a mente 165
107. Esprema a esponja 166
108. "Viva cada momento como se fosse o último" 167

POSFÁCIO 169

APÊNDICES – INSTRUÇÕES E EXERCÍCIOS DE ATENÇÃO PLENA 171

Apêndice 1: Respiração consciente 171
Apêndice 2: Meditação da varredura corporal 176
Apêndice 3: Meditação em movimento 182
Apêndice 4: Atenção plena no relacionamento 185
Apêndice 5: Prática informal 187

AGRADECIMENTOS 191

NOTAS 193

OBRAS CITADAS 201

PREFÁCIO

Desde que *108 histórias para entender a atenção plena* foi publicado pela primeira vez, em 2009, passei a valorizar ainda mais a maestria do Buda em contar histórias por meio de metáforas. De fato, como afirmou o estudioso budista Damien Keown, "a capacidade do Buda em ensinar o Dharma era demonstrada por sua aptidão em adaptar a mensagem ao contexto no qual era transmitida. Parábolas, metáforas e analogias constituíam uma parte importante de seu repertório de ensinamentos, habilmente ajustadas aos indivíduos a quem se destinavam". O Cânone Páli, a compilação por escrito dos ensinamentos budistas tradicionais, contém mais de mil referências metafóricas que abordam mais de 500 conceitos diferentes. O Buda usou metáforas de elementos (principalmente água e fogo), animais e as tecnologias do seu tempo (flechas, por exemplo) para transmitir seus ensinamentos ao seu público.

O objetivo deste livro é seguir os passos da pedagogia do Buda a meu próprio modo. O poder das histórias e das metáforas é uma presença indelével para mim, e apresento aqui

108 delas para fazer a atenção plena ganhar vida para você. Torço para que essa abordagem seja útil para divulgar ainda mais essa prática (também conhecida como mindfulness).

A metáfora das galinhas selvagens e dos pequenos tiranos (que você poderá ler nas páginas 116 e 128, respectivamente) foi destaque no livro *Mindful America: The Mutual Transformation of Buddhist Meditation and American Culture*, de Jeff Wilson. Nele, o Professor Wilson afirmou: "As metáforas de Kozak se baseiam em elementos da vida cotidiana e da nossa cultura, enfatizando os benefícios que podem ser extraídos da prática da atenção plena." Embora alguns estudiosos budistas considerem problemática a popularização da atenção plena, foi com satisfação que vi meu livro sendo retratado dessa maneira, pois minha intenção é exatamente levar o mindfulness a um público mais amplo.

Como no tempo do Buda, as metáforas ajudam a tornar os ensinamentos acessíveis a toda e qualquer pessoa. Espero que consigam torná-los acessíveis para você também.

INTRODUÇÃO

Em 1988, meu orientador no doutorado em psicologia clínica me apresentou um pequeno livro intitulado *Metáforas da vida cotidiana*, do linguista George Lakoff e do filósofo Mark Johnson. Essa obra incisiva norteou minha formação e transformou minha maneira de pensar e praticar a psicoterapia.[1]

As metáforas nos ajudam a entender o mundo: são o carro-chefe da linguagem e do significado, pois nos permitem compreender uma coisa comparando-a a outra e nos ajudam a comunicar esse entendimento. Percebemos o mundo por meio de metáforas e, ao fazer isso, criamos uma sensação de familiaridade.[2] As metáforas, porém, são mais do que meras figuras de linguagem. Na verdade, não podemos separá-las da maneira como vemos e como vivenciamos o mundo. E mais: grande parte da linguagem do dia a dia é baseada em nosso corpo físico, e muitas metáforas refletem, de certo modo, a forma como o cérebro humano está organizado. Assim, conceitos metafóricos não são referências arbitrárias,[3] e sim um reflexo da maneira como somos constituídos, a própria estrutura do nosso ser.

O psicólogo Julian Jaynes argumentou que a metáfora é a base da linguagem.[4] Vejamos, por exemplo, o verbo *to be*, em inglês. Esse verbo básico vem do sânscrito *bhu*, que significa "crescer" ou "fazer crescer". Portanto, o verbo *to be* tem a mesma raiz etimológica de outro verbo em sânscrito, *asmi*, que significa "respirar".[5] Assim, encapsulada na linguagem de uma metáfora milenar, está a constatação de que viver e respirar são uma coisa só. E, numa comovente conexão com os temas deste livro, podemos também refletir sobre o fato de que a respiração constitui a base da meditação de atenção plena, que, por extensão, é uma prática de *ser*.

Este livro apresenta 108 histórias para ajudar você a entender a atenção plena, a prática da meditação, o eu, a mudança, a aceitação profunda e outros conceitos afins. Compilei as metáforas apresentadas aqui ao longo de décadas de meditação, prática de ioga, estudo do budismo e de minha atuação como profissional de saúde mental.

A atenção plena é um processo de autoinvestigação voltado para o que está acontecendo no momento, na maior parte das vezes focado nas sensações do corpo – na *corporificação* do momento presente. É o direcionamento intencional da atenção para o desenrolar da experiência no agora e no momento que vem a seguir, sem comentários, julgamentos ou narrativas interiores.

As metáforas são fundamentais para entendermos a atenção plena e torná-la parte da nossa rotina. Elas podem nos motivar a incorporar a prática ao dia a dia e usá-la para transformar a nossa vida.

Com frequência me pego pensando e falando em metáforas. Elas ancoram a compreensão sobre a vida e muitas vezes servem como um guia para o aprimoramento pessoal. São como uma ponte que liga o conceitual ao vivencial.

Muitas das metáforas neste livro são criações minhas; outras foram extraídas da literatura sobre mindfulness e budismo. Elas formam o núcleo prático dos meus ensinamentos sobre atenção plena, e cada uma é um nó na rede de conceitos entrelaçados que tentam dar vida à experiência do mindfulness.

Você verá que o próprio processo de desvendar uma metáfora exige o uso de várias outras!

COMO LER ESTE LIVRO

Todas as 108 histórias deste livro[6] podem ser lidas de maneira independente, portanto, fique à vontade para lê-las na ordem que quiser. Elas estão organizadas em cinco categorias: Metáforas da mente; Metáforas do eu; Metáforas da emoção, da mudança e da "loucura comum"; Metáforas da aceitação, da resistência e do espaço; Metáforas da prática. Assim como ocorre em qualquer sistema de categorização, há muitas semelhanças entre algumas delas – especialmente entre as que se referem ao eu e à mente. Entretanto, tais categorias constituem uma forma geral de organização que pode ser útil ao leitor.

Podemos enxergar essas histórias e metáforas como sementes. Espero que, ao plantá-las no solo da sua experiência, elas possam criar raízes e dar frutos em sua vida.

METÁFORAS DA MENTE

Como descrever a mente? Como conhecê-la? Tente descrevê-la sem se referir a outra coisa. É difícil. A mente com certeza pode ir para lá e para cá; por exemplo, dizemos "hoje minha mente está acelerada" ou "minha mente está voando". A mente é capaz de falar e contar histórias; por exemplo, "ai meu Deus, o que foi que eu fiz?" ou "ele sempre faz a mesma coisa, será que um dia vai aprender?". A mente pode nos atormentar de inúmeras formas: convencendo-nos de que somos defeituosos de algum jeito ou alegando que uma pessoa é intolerável e precisa mudar. A tendência da mente a ser automática – na maneira como fala consigo sempre do mesmo modo, perseguindo pensamentos, sentimentos e percepções sem refletir – também é um tema recorrente.

Já a experiência da atenção plena e a meditação quase só podem ser descritas por meio de metáforas. No livro *Philosophy in the Flesh*, George Lakoff e Mark Johnson afirmam que:

É praticamente impossível pensar ou falar sobre a mente com seriedade sem conceitualizá-la em termos metafóricos. Sempre que conceitualizamos aspectos da mente dizendo coisas como "alcançar ideias", "chegar a conclusões", "ter clareza" ou "engolir reclamações", estamos usando metáforas para tentar entender o que fazemos com ela.[7]

A mensagem essencial aqui é que o que entendemos por mente não pode ser separado da noção de corpo. A dualidade mente-corpo levantada pelo filósofo Descartes há mais de 300 anos é um legado duradouro, mas problemático. De fato, tanto a mente quanto o eu são conceitos fundamentais para a atenção plena; é impossível descrevê-los e entendê-los sem as metáforas que têm origem em nossa experiência corporificada. Além disso, a meditação pode aproximá-lo da sua corporeidade porque, durante a prática, você percebe as sensações do corpo. A atenção plena pode ajudá-lo a se tornar íntimo da vasta sabedoria dos sentimentos e, portanto, aproximá-lo da realidade e ajudá-lo a superar a falsa dualidade entre mente e corpo.

As metáforas da mente e da atenção plena podem levá-lo mais perto do terreno da experiência – o corpo físico que também é mente. Dessa perspectiva, a prática é uma forma de comportamento racional que ajuda a revelar a base corporificada da vida mental.[8]

Até a expressão mindfulness, em si, é metafórica. O que significa ter – ou não ter – a mente (*mind*) preenchida (*full*)? Na verdade, o termo mindfulness deriva de uma metáfora que vê a mente como um recipiente: coisas podem ser colocadas "na" mente; conselhos podem "entrar por um ouvido e sair pelo outro"; e pode "dar um branco" ao tentar lembrar o nome de uma pessoa.

Esta seção de *Metáforas da mente* explora diversas maneiras de entender o difícil conceito de mente ao compará-la com outras coisas.

· 1 ·
A mente contadora de histórias

Você é daqueles que têm o hábito de pensar por meio de palavras, muitas vezes em discursos longos e desnecessários, de falar sozinho e dialogar com outros na privacidade da sua mente? Imagino que sim; todos nós fazemos isso. Muitas dessas conversas formam histórias, padrões e modelos do mundo. É como se houvesse uma narrativa contínua na consciência. A mente pensante automática também pode meter você em muita enrascada. É esse tipo de mente que chamo de *mente contadora de histórias*.

Seria útil estabelecer uma distinção entre a mente intencional e deliberada e a mente contadora de histórias. A mente intencional e deliberada é pragmática e está fundamentada na realidade. A mente contadora de histórias, ao contrário, muitas vezes é distorcida ou circular, repetindo-se *ad nauseum*. Um de seus passatempos preferidos é tirar conclusões precipitadas.

Aqui está um exemplo real da mente contadora de histórias em ação durante um retiro de meditação que ofereci certa vez. Na minha opinião, o primeiro dia havia transcorrido bem, com meditações sentadas silenciosas, meditações caminhando e um período de discussão à tarde. No dia seguinte pela manhã, cheguei ao ponto de encontro um pouco antes do grupo. Pouco depois da hora marcada para o início das atividades, ninguém havia aparecido. Comecei a ficar preocupado, e minha mente contadora de histórias criou asas. "Ah, não, eles devem ter *detestado* o dia ontem porque nem se deram ao trabalho de ligar para avisar que não viriam." "Devo ter exagerado ontem, eles provavelmente nunca mais vão querer ouvir falar em meditação." E, assim, esses pensamentos ficaram se repetindo. Foi então que a realidade abriu caminho e minha mente útil resolveu se manifestar, lembrando-me de que *eu não havia destrancado a porta da frente!* Corri para abri-la e encontrei os participantes conversando animados na calçada.

A prática da atenção plena o levará a conhecer intimamente sua mente contadora de histórias (ou aquilo que os neurocientistas chamam de rede de modo padrão). Nossa mente contadora de histórias nos tira do presente 99% das vezes e frequentemente a flagramos em ação durante a meditação. Lá estamos nós, observando e sentindo a respiração, e eis que nos damos conta de que estamos perdidos em pensamentos. Ao tomar consciência disso, trazemos a atenção de volta à respiração. Lidar com a mente contadora de histórias durante a prática de meditação nos ajuda a lidar com o estresse e as pressões do cotidiano. E, quando prestamos atenção em como a mente é levada por essa forma específica de distração, nos treinamos para percebê-la e, assim, temos a oportunidade de retomar o foco.

Resultado: ficamos mais envolvidos no presente e menos perdidos numa mente repleta de histórias.

· 2 ·
Um edifício de três andares

Para explicar a mente de maneira simplificada e direta aos meus pacientes, desenvolvi uma analogia com um prédio de três andares. Uso esse modelo para mostrar como a atenção plena pode ser útil para alterar o "centro de gravidade": como sair do "terceiro andar", onde passamos a maior parte do tempo, e ir para o "térreo".

O térreo, o andar que se encontra firmemente assentado no "chão" do ser, é o que está acontecendo agora. Esse é o andar das sensações, dos órgãos sensoriais e do cérebro, que recebem informações do mundo, inclusive de dentro do corpo. Já o primeiro andar é a percepção, a informação que a mente "destila" das sensações. Nesse nível, o cérebro identifica o que foi sentido e inicia o processo de categorização. Trata-se de algo altamente adaptativo, que certamente não é exclusivo do cérebro humano; até as amebas são capazes de realizar processos rudimentares de categorização. Esta é uma maneira conveniente, eficiente e adaptativa de lidar com o que, de outro modo, seria uma quantidade avassaladora de informações.[9]

Quando descrevo esse andar em sala de aula, costumo apontar que quando os alunos entram na sala pela primeira vez, reconhecem instantaneamente, por exemplo, que as cadeiras são, de fato, cadeiras – e, portanto, sentam-se nelas. Eles veem não borrões de cores e formas (que é o que acontece no andar térreo), mas sim objetos que, em sua mente, enquadram-se na categoria *cadeiras*.

Menos de um microssegundo depois dessa categorização

eficiente e adaptativa, o "tom afetivo" e o "valor" da percepção são registrados como agradável, desagradável ou neutro. Trata-se do "segundo andar" – avaliação. Esse nível diz do que é útil se aproximar e o que pode ser perigoso e deve ser evitado. Além disso, também é altamente adaptativo.

Por fim, chegamos ao "terceiro andar" – a área pensante e falante da mente. Esse andar tem dois "departamentos" – que poderíamos chamar aqui de parte intencional e parte não intencional, ou automática. O departamento intencional é a glória que coroa a capacidade humana. Inclui a habilidade de resolver problemas, de sintetizar, de planejar e de criar. Já o departamento automático do terceiro andar tende a ser repetitivo, tacanho e marcado pela ansiedade.

Segundo essa metáfora, para nós seria mais estável e "seguro" viver o mais perto possível do térreo – o nível mais próximo da realidade e da experiência vivida. A atenção plena é o elevador ou a escada que nos permite "retornar" do terceiro andar das "histórias" ao térreo da experiência. Isso, porém, não quer dizer que devamos demolir os outros andares. Todos têm sua função.

Consideremos este método básico que nos permite usar a atenção plena para passarmos de um andar a outro. Comece analisando uma reação desagradável a um acontecimento da sua vida. No térreo está o evento: você escorregou e caiu, por exemplo. Em seguida, o cérebro precisa categorizar o que aconteceu (percepção, categorização). No primeiro andar está a dor como experiência pura. O cérebro está bem equipado para reconhecer a dor, e é útil fazê-lo. Existem informações fundamentais nesta experiência, e o "ai" que se manifesta no segundo andar transmite essa mensagem.

É possível ir do térreo ao segundo andar num milésimo de segundo. Mas o terceiro andar é onde a mente passa a maior parte do tempo.

Além de medidas práticas como limpar a roupa, ver se você se machucou, etc., não há mais muito o que fazer. Entretanto, a mente está apenas começando. Podem surgir pensamentos como "Ai, que droga!" ou "Não acredito que fiz isso! Como sou idiota". Antes de você se dar conta, pode haver, em resposta ao acontecimento original, toda uma narrativa dramática que o paralisa e deixa sem chão (o chamado pensamento catastrófico). Pergunte a si mesmo: "Vale a pena pensar essas coisas? É necessário pensar assim?" Se a resposta for negativa, talvez seja hora de começar a descer as escadas.

Para isso, questione: "Como meu corpo realmente está se sentindo neste momento?" Com isso quero dizer: como o seu corpo se sente além da *ideia* do corpo. Estabelecer essa distinção – notar a diferença entre as sensações físicas e os pensamentos sobre o corpo – talvez exija um pouco de prática. Grande parte da prática envolve lidar com a mente para afastá-la dos pensamentos e levá-la à experiência do aqui e agora sob a forma das sensações físicas no corpo. E é assim que começamos a colher os frutos da atenção plena.

Há quase 100 anos, William James afirmou: "A vida intelectual do homem consiste quase que inteiramente na substituição de uma ordem conceitual pela ordem perceptiva na qual sua experiência originalmente existe."[10] A atenção plena oferece a possibilidade de vivermos mais próximos dessa ordem perceptiva.

· 3 ·
A mente comentarista

Um cartoon publicado na *The New Yorker* mostra dois casais no cinema. O homem sentado na fileira da frente está virado para o casal sentado na fileira de trás, que não para de falar um minuto, e exclama: "Se eu quisesse ver o filme com comentários, teria esperado sair o DVD."

Você já deve saber que os DVDs costumam incluir uma versão comentada, na qual o diretor, um dos atores ou outras pessoas envolvidas na produção tecem comentários sobre as cenas. Elas são exibidas como pano de fundo, sem som, enquanto o diretor narra os porquês e comos do filme.

De maneira análoga, a mente oferece esse mesmo tipo de comentário, cena por cena. Como resultado, a vida propriamente dita se torna apenas um pano de fundo, sem som, enquanto a mente segue tagarelando – tecendo comentários, fazendo julgamentos e emitindo opiniões.

A prática da atenção plena oferece uma alternativa aos comentários do diretor e a uma vida emudecida pela mente que não para de tagarelar. A sua vida existe em cores vívidas e em volume sinfônico o tempo todo. E você pode entrar em contato com ela sempre que os comentários cessam. Eles quase sempre estão presentes e raramente são questionados. Entretanto, não raro se relacionam a algo basicamente inútil, sem valor algum, repassando os mesmos detalhes e cenários inúmeras vezes. Em outros momentos, o teor e a qualidade da mente comentarista beiram o perigo, com pensamentos carregados de ansiedade ou visões de um futuro deturpado por terríveis previsões de mortes e catástrofes. Nesses casos, a mente comentarista pode causar um grande estrago em nossa vida, afastando-nos e distraindo-se do rico e vívido presente. Nessas ocasiões, é fundamental interromper esses comentários – para que nosso sofrimento não acabe aumentando ainda mais. A atenção plena é a ferramenta que usamos para fazer isso. Ela nos permite tirar uma folga do julgamento cena por cena do que é bom ou ruim, do que gostamos ou não gostamos e de cada imperfeição ou deslize que imaginamos.

· 4 ·
Mente cachorro e mente macaco

A mente cachorro corre atrás do osso.
A mente macaco pula de galho em galho.[11]

Esses breves versos contêm duas das tendências mais comuns da mente condicionada.

Já notou como alguns cães, como os labradores, correm incansavelmente atrás do osso – mesmo que seja de plástico? Larry Rosenberg, instrutor de meditação e autor do clássico *Breath by Breath*, observou o cachorro de um amigo se comportando dessa maneira e o comparou a um estado mental com o qual certamente já estamos muito familiarizados. Muitas vezes, somos como o cão correndo atrás de qualquer osso – todo impulso, desejo ou aversão que atravessa nossa mente. Qualquer pensamento pode dar início à caçada. Essa é a mente cachorro.[12]

O macaco é outra metáfora da mente. A mente macaco

pula de galho em galho, de pensamento em pensamento. Ela é ativa, inquieta, selvagem. Seja a mente cachorro ou a mente macaco, encontramos essa atividade incansável quando experimentamos a prática da atenção plena pela primeira vez e, muitas vezes, depois que a iniciamos também.

Porém, é importante reconhecer que o objetivo da meditação não consiste em erradicar o pensamento – não precisamos enjaular a mente cachorro nem a mente macaco. O objetivo é *observar* o que se passa na mente. Observando o pensamento como um processo (ou seja, notando o que está acontecendo), e não se envolvendo com seu conteúdo (ou seja, com as coisas que o pensamento diz ou quer dizer), você pode notar que o movimento incessante do pensamento tende a diminuir. Afinal, a mente cachorro e a mente macaco adoram ganhar atenção.

Quando alimentamos um animal de rua, ele sempre volta, querendo mais. Da mesma forma, se você alimentar constantemente seus pensamentos dando atenção ao seu conteúdo, eles continuarão voltando. Veja o que acontece se você simplesmente observar o cão correndo atrás do osso ou o macaco pulando de galho em galho – sem ir atrás deles.

· 5 ·
Mente leão

A mente leão é inabalável.

A imagem do leão nos dá uma ideia de outras duas formas possíveis de funcionamento da mente.

A mente leão é concentrada e focada, calma e impassível. É como o grande felino: rei da selva, senhor do território. Ela ignora os ossos tão atraentes para a mente cachorro. Ela os ignora e se mantém firme. A mente leão pode ser um resultado útil da prática da atenção plena – mas não o aconselho a buscá-la como objetivo, e sim deixar que ela surja naturalmente ao longo do tempo, como consequência. O objetivo da prática não é sentar-se imóvel, inabalável como o leão, mas *praticar voltar* ao presente repetidas vezes. Paradoxalmente, quanto menos você se assemelha ao leão, mais oportunidades tem para voltar ao presente. Esse retorno ao presente, repetidamente, constitui o valor fundamental do treinamento da atenção plena.

Por outro lado, pode ser prejudicial para o aprendizado futuro colocar a mente leão – na forma de paz e desprendimento – muito cedo e de forma muito agressiva como o objetivo da prática. As instruções para a atenção plena são muito precisas, enganosamente simples, até. Preste atenção ao que está acontecendo agora e, quando se distrair, traga o foco de volta (e faça-o sem irritação, arrependimento ou recriminação). Observe que não há qualquer menção a tranquilidade ou mesmo relaxamento nessas instruções. O relaxamento pode ser um dos efeitos colaterais mais comuns da prática, mas *não* é seu objetivo principal. A meta é tornar você íntimo da sua mente. Se ela estiver enfurecida, agitada, perdida, é com isso que você vai trabalhar. Repito, encaro isso como a verdadeira recompensa da prática, pois é o que mais se assemelha à mente nas situações do dia a dia.

A mente leão pode exigir certas condições, como um lugar silencioso para praticar, uma folga das responsabilidades mais urgentes, e assim por diante. É o tipo de ambiente que encontramos em retiros de meditação – um lugar protegido onde praticar pode ter grande valor. No entanto, há aí um obstáculo e uma limitação, pois você, como a maioria das pessoas, não vive num ambiente assim. É provável que viva num mundo agitado e caótico, povoado por filhos e pais, prazos e responsabilidades. Queremos que a prática da atenção plena renda frutos justamente nesse contexto. Portanto, ainda que pareça paradoxal, sua familiaridade e seu conforto com a mente cachorro o ajudarão a integrar a atenção plena à estrutura do dia a dia.

É conhecendo a mente cachorro que se cultiva a mente leão. Não se pretende com isso diminuir o valor da mente leão. Ela virá com a continuidade da prática e criará o alicerce para insights posteriores.

· 6 ·

Mente aranha

A mente aranha tece infinitas teias.

O treinamento faz a mente cachorro, caótica e oportunista, se transformar na mente leão, régia, silenciosa e estável, e em seguida na mente aranha: ativa, engajada e, mesmo assim, desapegada. Há uma máxima zen que afirma: "No início, as montanhas são montanhas e os rios são rios." Depois, com a prática, "as montanhas deixam de ser montanhas e os rios deixam de ser rios". Isso acontece à medida que a meditação vai transformando a relação da mente com o mundo percebido. Mas a história não termina aqui. Com a prática prolongada, "as montanhas voltam a ser montanhas e os rios voltam a ser rios". É a iluminação da mente comum.[13]

Representações populares da "iluminação" podem atrapalhar o aprendizado. A iluminação costuma ser retratada como um evento psicológico épico e cósmico, acompanhado de fogos de artifício, sinos e um estado de transcendência mística permanente. Uma vez iluminado, o ser individual se transformou para sempre. Porém a iluminação é, de certa maneira, a maior decepção do ego. Nada de sinos, nada de fogos, apenas o momento presente e depois o próximo. Apenas montanhas, apenas rios.

Além disso, como na mente leão, se o seu *objetivo* for a iluminação, você terá estabelecido uma condição que impede sua concretização. Uma pessoa não pode *se esforçar* para alcançar a iluminação. Entretanto, ela fluirá diretamente da prática.

A mente aranha incorpora a qualidade da atenção engajada que, ao mesmo tempo, não se deixa levar pelas fábulas da mente contadora de histórias, pelos julgamentos infindáveis da mente comentarista ou pelos pulos e correrias incansáveis da mente macaco e da mente cachorro. A mente aranha tem uma relação diferente com o desconforto. Ela é apaixonada, impassível e compassiva – tudo ao mesmo tempo.

Um estereótipo equivocado consiste em afirmar que a iluminação budista torna o indivíduo livre de desejos e de paixões. Essa é uma lamentável consequência da linguagem usada para descrever o apego, o desejo e a vacuidade. No entanto, a mente aranha não se torna apática nem perde interesse pelo mundo material. Ao contrário, ela tem a seu dispor toda a energia e os recursos necessários para se envolver no mundo, e pode fazê-lo livre e vigorosamente. O que há de mais peculiar na mente aranha não são suas ações, mas a *qualidade da mente* que as acompanha.

As pessoas que fazem meu curso de terapia cognitiva/redução do estresse baseada na atenção plena às vezes ficam com medo de que meditar vá fazê-las perder a personalidade. Costumo brincar, dizendo que elas não são zumbis em treinamento. Faço de tudo para eliminar essa noção de que, de alguma maneira, não se apegar aos resultados as tornará apáticas, sem graça ou completamente desprovidas de senso de humor. Ao contrário, ao libertar a mente de seus fardos mais comuns, elas ficam livres para se envolver em tudo que quiserem e perceber quem são de verdade, para além de toda a ansiedade e das afirmações limitadoras que repetem a si mesmas – e a vida então se torna plena de alegria e diversão.

Embora seja totalmente engajada, a mente aranha não está focada nos resultados. Ela não reclama nem lamenta quando as coisas não saem como o desejado. Não se sente privada ou decepcionada, tentando se apegar em vão a tudo que possui. A mente aranha vive no momento presente. E mais importante de tudo: ela não se leva muito a sério.

· 7 ·

"Dissecando" a natureza

Diz-se que um bom sistema de classificação "disseca" a natureza das coisas. Ou seja, agrupa as coisas mais ou menos do modo como elas existem na natureza, dividindo-as de maneiras que faça sentido.

Um cartoon publicado na *The New Yorker* mostra um grupo de cães com plaquinhas de identificação penduradas no traseiro. As categorias que nós, humanos, usamos são obviamente adequadas ao aparato perceptual humano (ou seja, usamos nomes e não saímos por aí cheirando o bumbum dos outros). Além disso, as categorias são fundamentais ao funcionamento das coisas. Entretanto, será que é possível perder o sabor da vida quando nos impomos categorias de maneiras supereficientes? Diz-se que Ronald Reagan afirmou: "Quem viu uma sequoia já viu todas." Trata-se de uma atitude eficiente para um caçador-coletor do Paleolítico, mas é assim que você quer viver nos dias de hoje? É importante saber prestar atenção, porque não agrupamos apenas as sequoias, mas também grandes partes da vida – momentos, dias e longos períodos, como a "meia-idade".

A categorização automática tem um custo. Embora esse aprendizado seja eficiente, ele restringe informações e modifica a experiência do tempo. De fato, como explica o neurocientista Daniel J. Siegel:

> Em muitos aspectos, tal aprendizado oprime nossa experiência sensorial bruta, turvando as águas das percepções claras com expectativas prévias. Ao chegarmos à idade adulta, é muito provável que essas camadas acumuladas de modelos perceptuais e categorias conceituais restrinjam o tempo subjetivo e entorpeçam a sensação de estarmos vivos. Nós nos habituamos a vivenciar a percepção pelo filtro do passado e a não nos voltar a novas distinções do presente.[14]

A prática o ajudará a examinar as categorias automáticas aprendidas e a revisá-las ou desfazê-las quando deixarem de se encaixar ou de funcionar. Você pode escolher. A atenção plena o ajudará a encontrar uma riqueza que existe na diferença das coisas e em como tudo muda de maneira dinâmica. Afastar-se da categorização automática faz isso. Você consegue vivenciar as coisas como são quando ela fica em segundo plano.

· 8 ·
"Mensagem pra você!"

Tendo a acreditar que você não lê todos os e-mails da sua caixa de spam nem todo o lixo que chega pelo correio. Senão você provavelmente não faria mais nada, só passaria o dia inteiro fascinado com ofertas de pílulas para disfunção erétil, prêmios de loteria sem dono ou a mais recente dica para ficar rico investindo no mercado de ações. Em vez de ler com fascínio todo e-mail que recebe, você rapidamente reconhece quais são lixo eletrônico e os deleta ou ignora. Ou, melhor ainda, tem um programa que faz isso para você!

A atenção plena está para a mente como o filtro de spam está para a sua caixa de entrada. Com essa prática, você se familiariza com o funcionamento da sua mente e se torna íntimo dele. Assim, pode logo reconhecer "pensamentos lixo" quando eles surgem, sem se enredar por eles e minimizando a bagunça. Quando adquirimos o hábito de não nos deixar levar por todos os pensamentos que a mente encontra, os próprios pensamentos incômodos podem se tornar visitantes menos frequentes, como se estivéssemos "cancelando a inscrição" em várias listas de distribuição de lixo eletrônico.

· 9 ·
Botão de volume interior

Muitas pessoas usam o controle remoto para tirar o volume da TV durante os comerciais. Tenho um amigo que assiste a programas esportivos sem som, ouvindo música clássica ao fundo e permitindo o surgimento de uma coreografia diferente nos jogos de futebol ou basquete.

O que significa encontrar o "botão de volume interior" para desligar o ruído da mente? Se a mente é como uma televisão, é possível assisti-la sem som, vendo as imagens que passam na tela sem se envolver com o enredo nem com o conteúdo. Você pode se distanciar do drama permitindo que as coisas sejam como são, silenciosamente e sem comentários.

A mente produz três tipos básicos de conteúdo subjetivo: imagens, diálogo interior e sentimentos, que são sensações corporais com um toque emocional. Eles podem surgir individualmente ou em combinações variadas: imagem-conversa, imagem-sentimento, conversa-sentimento e imagem-conversa-sentimento.[15] Existem também os sons lembrados ou imaginados, como a música, que considero outra forma de espaço de imagem. Os espaços objetivos de atenção são visão, audição e sensações corporais – e, menos frequentemente, olfato e paladar.

Quando passamos por um acontecimento traumático ou uma experiência difícil, e esse evento é revivido em toda a sua dor e horror, existe intensidade (mediada pela proximidade das imagens da experiência), conteúdo (enredo do evento), reatividade em forma de pensamentos ("Ah, meu Deus, por que isso continua acontecendo comigo?") e reatividade em forma de emoções e reações fisiológicas (as sensações corporificadas que acompanham as memórias, como aceleração do coração, transpiração e emoções). Se pudermos observar o acontecimento como se fosse uma imagem silenciosa na tela da mente, poderemos nos distanciar dele e, com isso, encontrar um espaço para a cura.

Experimente a seguinte estratégia sempre que algo perturbador acontecer: pânico, medo ou ansiedade geram sentimentos ou sensações físicas no corpo. Tente movimentar essas sensações físicas que acompanham as emoções e as situações difíceis. Essa atenção interromperá os comentários inúteis na TV mental e o ajudarão a conhecer melhor seu corpo. Essa intervenção transfere a atenção dos espaços subjetivos da mente para os espaços objetivos e, ao fazê-lo, reduz o sofrimento.

Repita sempre que necessário!

· 10 ·
Atenção feroz

Ouvi a expressão "atenção feroz" pela primeira vez nas palavras do poeta e consultor corporativo David Whyte, no livro *Clear Mind, Wild Heart*. O termo sugere que a atenção plena não precisa necessariamente ser tranquila e passiva. Pode ser ativa, precisa e forte – feroz, até. Isso vai totalmente contra as imagens de lagos serenos e gotas d'água. O mindfulness pode proporcionar a atenção feroz e livre do guerreiro pacífico – o guerreiro ético que não causa danos.

A prática possibilita a criação dessa atenção feroz do guerreiro (e também da postura ética que procura sempre causar o mínimo de dano). Por meio dela, você pode desenvolver uma forma precisa e corajosa de encarar tudo – inclusive a própria mente. Em lugar de adotar e utilizar basicamente mecanismos de defesa, como a negação, você pode enfrentar o que se apresenta com força serena e determinação.

A atenção feroz também nos ajuda a sermos mais eficientes e criativos, eliminando grande parte da distração que normalmente assola a mente. Ela pode ser útil em qualquer contexto, especialmente quando a situação exige nosso desempenho máximo, por exemplo, durante uma competição esportiva, na apresentação de um trabalho ou ao lidar com uma crise pessoal ou comunitária.

Para mim, a atenção feroz também é importante quando saio para fazer trilha com meu cachorro. Quando minha atenção vagueia, quando começo a ter conversas imaginárias na minha cabeça, tropeço nas pedras e raízes no meio do caminho. Certa manhã, quando fui caminhar, as tábuas que cobriam as poças de lama estavam cheias de limo por causa da chuva do dia anterior e me distraí com uma conversa mental. O resultado era previsível.

Essas trilhas são traiçoeiras e, sem a atenção feroz, corro perigo.

· 11 ·
Diferentes tipos de neve

Você não precisa morar perto do Círculo Polar Ártico para saber que existem diferentes tipos de neve. Em Vermont, temos desde aquela neve pesada e molhada até a leve, seca e bem fina que os praticantes de snowboard chamam de "pó de champanhe". Assim como a neve, nossos pensamentos vêm em diversas maneiras. Há os pesados e pegajosos, como a neve molhada, e os mais soltos e leves, como o pó de champanhe.

Nossa "neve mental" pode ser mais ou menos pegajosa, dependendo do nosso humor e do nosso nível de energia. Quando estamos um pouco estressados, deprimidos, ansiosos ou cansados, tendemos a ter pensamentos que parecem mais pesados e encharcados. Os pensamentos grudam uns nos outros, formando bolas de neve perfeitas que são verdadeiros projéteis. Jogá-las em alguém ou ser atingido por uma delas é um perigo. Cuidado!

A prática tende a criar uma neve pó de champanhe – mais leve, fofinha e seca, ótima para a prática do esqui. Se já tentou formar bolas com essa neve, sabe que os flocos raramente grudam uns nos outros formando bolas perigosas e pesadas. Com esse tipo de neve é difícil machucar alguém, inclusive a si mesmo.

A prática da atenção plena ajuda a impedir que os flocos de pensamento grudem uns nos outros e deixa as pistas da mente seguras e fáceis de percorrer.

· 12 ·
O despertar

A história do despertar do Buda é uma boa metáfora: enxergar a verdadeira natureza das coisas é como "acordar" de um sonho ruim.

Depois de um longo período de busca e prática ascética durante o qual quase morreu de fome, Sidarta Gautama aceitou de uma menina um pouco arroz-doce em uma folha de bananeira e, com a força do alimento, resolveu se aventurar a se sentar sob a Árvore Bodhi para meditar até a iluminação. Algum tempo depois, alcançou seu objetivo.

A partir dessa experiência de iluminação, o Buda proferiu as Quatro Nobres Verdades. De modo resumido, explicam como o sofrimento ou a insatisfação são, em grande medida, causados por nós mesmos quando não reconhecemos a natureza mutável das coisas. Esse é um insight otimista. Embora a maneira como tendemos a nos relacionar com o mundo gere essa infelicidade, cabe a nós mesmos fazer algo a respeito. A atenção plena é um componente importantíssimo no caminho para abandonar o sofrimento. Reza a lenda que os resultados da meditação e dos insights do Buda o tornaram *radiante* – outra metáfora para a iluminação. Quando o viam, as pessoas o paravam e perguntavam: "Quem és? Um deus ou um homem?" Sidarta então respondia: "Sou *buddho*" – expressão que pode ser traduzida como "estou desperto". Assim, ele ficou conhecido como o Buda, o Desperto.

Se existe necessidade de despertar, então você estava adormecido? Está dormindo agora? Quando vive dentro da mente contadora de histórias, você vive separado do mundo da experiência. Quando age no piloto automático, vive o oposto do despertar. Esse estado de sono é chamado por alguns de "transe consensual".[16] Já notou que você é capaz de passar um dia inteiro sem fazer contato visual com as pessoas? Observei isso especialmente em encontros com desconhecidos, como atendentes de lojas. Sempre paro com a cabeça erguida e os olhos prontos para encontrar os deles após a transação. No entanto, normalmente isso não acontece. Onde estão? Dormindo? Protegendo-se? Se for o caso, protegendo-se de quê?

Devemos despertar para quê? Será que podemos despertar para a vida neste momento, mesmo que seja doloroso ou difícil? Será que podemos despertar para a vida neste momento agradável e maravilhoso? Despertar é "apresentar-se" à vida. Jon Kabat-Zinn nos recorda que, na batalha da vida, "para vencer, é preciso estar presente". A prática da atenção plena proporciona um método e um conjunto de habilidades para ajudá-lo a despertar.

Quando presta atenção à sua experiência no momento, você está desperto. Quando sente integralmente sua experiência mental corporificada (ou seu complexo mente-corpo), em vez de simplesmente identificar-se com uma parte dele – normalmente a parte pensante –, você está desperto.

Quanto mais praticar, mais você vai observar como esteve dormindo todo esse tempo. Quando a atenção plena começar a se tornar um hábito, você vai começar a observar como a mente realmente funciona. Ficará impressionado ao constatar com que frequência se perde em pensamentos ou fica adormecido. O primeiro passo rumo ao despertar é reconhecer que você está perdido. Siga em frente!

· 13 ·
Próxima parada: Rua 110

Imagine que você está na plataforma do metrô. O trem chega e para com sua freada estridente. Você entra sem olhar. Não sabe para onde ele vai ou se o levará ao seu destino. Simplesmente embarca, sem estar consciente.

Com que frequência você entra no vagão dos pensamentos e das histórias e é levado a lugares aonde não pretendia nem desejava ir? Os pensamentos possuem essa qualidade irresistível e às vezes também premente, como a força propulsora de um trem. Infelizmente, alguns padrões de pensamento, em especial aqueles associados à ansiedade e à depressão, podem levá-lo a esses lugares indesejados nos quais o desconforto e a insatisfação prevalecem e na verdade até ficam mais fortes. Podemos passar grande parte do dia, até da vida, embarcados em "trens do pensamento" que não nos levam aonde gostaríamos de ir.

Quando pratica a atenção plena, você abandona o hábito de embarcar em trens indesejados – ou pelo menos logo se dá conta de que embarcou e salta na estação mais próxima. Durante a prática da meditação, você poderá ver os pensamentos embarcando na estação. Da posição estratégica da meditação, que é tanto a postura quanto sua intenção ao praticá-la, você pode observar o trem se aproximar sem precisar embarcar. Assim como os vagões, os pensamentos vêm e vão regularmente. Se você perder um agora, haverá outro em seguida.

E talvez às vezes você opte por sair da estação subterrânea do metrô e simplesmente caminhar até seu destino sob a luz do sol!

· 14 ·
"Homem desce as cataratas em um barril"

A mente é como uma cachoeira. Pense nas características de uma cachoeira – uma torrente de água de um rio que cai em queda livre da beirada de uma rocha. A água corre com grande força e sempre chega lá embaixo. A mente pode ter esse tipo de fluxo, com muitos pensamentos se movendo com muita força. Onde você se encontra com relação a esse fluxo? Dentro de um barril que se dirige à queda-d'água? Ou em um local protegido, aos pés da cachoeira, observando o espetáculo com toda a segurança?

O processo de observar a queda de pensamentos a partir de um lugar seguro é conhecido como "descentralização" ou "desidentificação". O distanciamento em relação à ferocidade e à potência dos pensamentos cria uma espécie de segurança isoladora. Eles podem continuar fluindo como a água de uma volumosa cachoeira, mas a sua relação com esses pensamentos pode mudar quando você se "desindentifica" deles. Para fazê-lo, basta não entrar no barril e não se deixar levar. Assim é possível que os pensamentos perturbadores não o aflijam tanto.

A prática da atenção plena ajuda a estabelecer uma posição estratégica e segura a partir da qual é possível assistir ao abundante fluxo da mente. No início, é claro que você vai sofrer um pouco com os respingos da água, pois ainda estará sentado muito perto da cachoeira. No entanto, com a prática, passará a apreciar o espetáculo de uma distância segura – continuará a ver a cachoeira em toda a sua majestade, mas não será mais atingido pela água e correrá menos riscos de escorregar para dentro dela.

Desse local seguro, você pode criar um espaço e um distanciamento entre o seu bem-estar e o conteúdo dos seus pensamentos.

· 15 ·
Piloto automático

Os aviões contam com o piloto automático e em breve veremos também carros autônomos. Porém, na nossa mente, já dominamos a tecnologia do piloto automático.

Parece familiar? Não é assim que costumamos levar a vida? Você já teve a experiência de estar ao volante e se perder de tal modo nos próprios pensamentos que se surpreendeu ao constatar que havia chegado ao destino desejado (em segurança, felizmente)? É o piloto automático em ação.

Essa tendência é uma consequência dos mecanismos adaptativos do cérebro. À medida que nos tornamos especialistas em algo, relegamos o controle motor e sensorial da atividade ao inconsciente. Quando estava aprendendo a dirigir ou a realizar alguma outra atividade complexa, você tinha que dedicar uma quantidade considerável de atenção consciente ao que estava fazendo. Mas depois de se tornar experiente naquilo, essa atenção se tornou automática. Quando você desenvolve habilidade suficiente para realizar uma tarefa inconscientemente, sua mente fica livre para imaginar, contar histórias e tecer comentários. O desafio, então, é levar a atenção plena a atividades como dirigir, caminhar ou lavar louça, tarefas que não exigem mais a sua atenção consciente.

"Mas para que isso?", você poderia questionar. Em primeiro lugar, você passa boa parte da vida realizando essas atividades mundanas. Se estiver desperto durante esse tempo, você simplesmente vai ter uma vida mais gratificante e vai se sentir mais vivo com mais frequência. Além disso, é mais seguro prestar atenção. Será que você está bem preparado para uma emergência quando está dirigindo distraído? Quantos erros cometeu, quantos contratempos enfrentou por estar agindo no piloto automático?

Tenho um exemplo pessoal. Certa vez, me machuquei ao praticar snowboarding porque estava tendo uma conversa imaginária comigo mesmo. O mais interessante foi que o acidente não ocorreu quando eu descia uma ladeira *muito íngreme*, ocasião na qual minha atenção estava altamente focada (com a atenção feroz do mindfulness), e sim em uma ladeira menos pronunciada que, a meu ver, não exigia tanta atenção.

A prática da atenção plena pode treiná-lo a agir com intenção e estar desperto. Ela pode desenvolver as habilidades de que você precisa para desligar o piloto automático e aproveitar a vida – plenamente, enquanto ela acontece.

· 16 ·
"Mais de 100 canais – por apenas 99,00 por mês"

Atualmente, com a TV a cabo ou via satélite, existem centenas de canais à nossa disposição. Com todas essas opções e um controle remoto na mão, é muito pouco provável que você fique assistindo a um programa ruim – chato, irritante ou que o deixe angustiado. Você certamente mudaria de canal e ficaria zapeando pelos canais até encontrar algo mais agradável e divertido.

E mesmo assim, no que diz respeito à nossa mente, por que ficamos assistindo aos mesmos programas horrorosos sem mudar de canal? A mudança de canal é a ênfase da terapia cognitivo-comportamental, na qual o objetivo é trocar pensamentos desaptativos (ou seja, programas de TV ruins) por programas adaptativos (ou seja, bons programas de TV). Com a atenção plena, você pode ficar mais sintonizado com o programa a que está assistindo e tomar a decisão de mudar de canal. Pode também fazer a escolha de desligar a TV. Você não precisa pensar o tempo todo!

Durante um retiro de meditação de dez dias, minha mente estava desesperada por algum tipo de estímulo. Estávamos praticando o nobre silêncio, o que significava nada de conversar, ler, escrever ou ver televisão. Na ausência de estímulos, comecei a imaginar episódios do seriado americano *Cheers*. Depois de um tempo, minha mente cedeu e comecei a prestar atenção no que realmente estava acontecendo.

Quando pratica a atenção plena, você nota a tendência da mente ao estímulo e observa se consegue ficar fascinado com a respiração e as sensações do corpo.

· 17 ·

Mente grande

De alguma maneira, a experiência resultante da meditação parece expansiva, maior e mais espaçosa. Com uma mente espaçosa, é muito mais fácil lidar com todas as coisas. A mente pequena é mesquinha, preocupada com as necessidades do eu – pergunta o tempo todo: "Será que sou bom o suficiente?", "Estou recebendo o suficiente?", "O que os outros estão pensando de mim?". A mente grande tem espaço para ir além dessas preocupações mesquinhas e egoístas e se abrir às preocupações dos outros.

A prática da atenção plena pode ajudar a "expandir" a mente dessa maneira. Todos os diálogos mentais e preocupações tendem a tomar menos espaço à medida que o silêncio da meditação aumenta o nosso espaço mental. Se pudermos parar de nos atacar com regras, desaforos e deveres, um espaço pode se abrir. Se pararmos de responder com o medo habitual e de investir grande quantidade de energia para proteger nossa mente pequena, pode surgir um espaço para a respiração. A prática ajuda a criar um espaço de silêncio na sua vida para experimentar a mente grande.

• 18 •
Forma e vazio

O vazio é um conceito fundamental no budismo e também um dos menos compreendidos. É difícil traduzir essa noção da palavra original em sânscrito, *Shunyata*. *Shunyata* também já foi traduzida como "vácuo", o que também é problemático, pois poderia, com a mesma facilidade, ser traduzida como "plenitude" ou "potencial".[17] "Vazio" pode ter a conotação de vacuidade ou ausência e faz parte da imagem equivocada do Buda e dos budistas como indivíduos apáticos, desprovidos de paixão. O vazio não se refere a algo que antes estava cheio e agora não está mais, como um tanque de combustível.

O vazio é uma liberdade em meio aos aspectos problemáticos da mente. Refere-se também à natureza fundamental das coisas. Diz-se que as coisas são vazias de realidade substancial, vazias de forma. Isso tudo pode ser mesmo bastante confuso, principalmente quando um texto fundamental do budismo, o *Sutra do Coração*, afirma que não apenas a forma é vazio, como o vazio também é forma! Dessa perspectiva, se você tentar se agarrar a algo que é inerentemente vazio como se estivesse cheio, vai gerar apenas tristeza e sofrimento.

Gosto de pensar no vazio como aquele lugar em que nada extra é acrescentado e nada precisa ser retirado. Assim, você é capaz de estar com o que quer que esteja acontecendo, não interessa o que seja.

Com a prática, você vai poder entrar e sair do vazio e *saboreá-lo*. Experimentar o vazio proporciona paz e tranquilidade. Ao saboreá-lo, você verá que grande parte do seu sofrimento resulta daquilo que você acrescenta às situações.

METÁFORAS DO EU

Assim como no caso da mente, em geral o que chamamos de "eu" só pode ser entendido por meio de metáforas.[18] Grande parte do que pensamos a respeito do eu se baseia no que parece evidente: o fato de *termos* um eu. Apesar dessa realidade prática, a ciência cognitiva e a neurociência não localizaram um eu unificado em nenhuma parte do cérebro – algo totalmente coerente com as antigas observações empíricas da tradição budista. E, no entanto, embora não exista célula ou estrutura cerebral que o contenha, uma experiência do eu parece surgir do vasto e intricado sistema que é o complexo mente-corpo humano.

O programa *Absolute Zero*, do canal de TV Nova, ajuda a elucidar uma boa metáfora do eu. No século XVII, o "frio" era considerado uma espécie de substância primordial que era acrescentada às coisas. De maneira análoga, o "calor" era considerado uma substância que se acrescentava também, chamada *calórico*. Mais tarde, a descoberta das leis da termodinâmica refutou essa teoria. Do mesmo modo, o eu não é uma substância, algo imutável que exista independentemente de suas interconexões. É um processo dinâmico que tem a aparência de uma substância.

Nas tradições budistas, existe a noção de natureza de Buda. Trata-se da crença de que todos têm a capacidade de despertar ou se iluminar – ou, dependendo da interpretação, de que todos os seres *já* estão iluminados, mas simplesmente não se dão conta disso. Assim, a atenção plena não leva a um estado de ser específico, não "acrescenta" a iluminação a seres não iluminados. Ao contrário, ela revela ou descobre o que já existe e, ao mesmo tempo, apresenta a falácia de um eu separado e substancial.

Em seu lúcido e poético livro *Buda* – um novo olhar sobre a vida de Sidarta Gautama –, Karen Armstrong expõe a visão do Buda sobre o eu:

> Na visão do Buda, quanto mais de perto nos examinamos, mais difícil se torna encontrar qualquer coisa que possamos apontar com precisão como uma entidade fixa. A personalidade humana não era um ser estático com o qual as coisas aconteciam. Sob o microscópio da análise yóguica, cada pessoa era um processo. O Buda gostava de usar as metáforas do fogo incandescente e do rio caudaloso para descrever a personalidade; havia nela uma espécie de identidade que, entretanto, mudava incessantemente de um momento para o outro.

Assim, se o eu é em essência metafórico, cabe a nós entender as metáforas da nossa experiência. A prática da meditação de atenção plena pode nos ajudar a ver o que está por trás dos conceitos e a nos aproximar da vida à medida que ela está acontecendo – e isso pode significar cultivar uma noção mais fluida e mais flexível do eu. De certo modo, a atenção plena é uma metodologia para desenvolver a capacidade de auto-observação e para descobrir essa misteriosa metáfora de quem sou eu.

É importante estabelecer uma distinção entre *sujeito* e eu.[19] O sujeito é sempre metaforicamente uma pessoa e *"existe apenas no presente"*.[20] O sujeito é aquele que aparece para meditar; aquele que aparece para observar a experiência e que percebe a atividade dos diferentes eus. Se quiser conhecer a si mesmo por meio do processo de meditação, você aumentará seu acesso a esse *sujeito* à medida que ele explora e organiza as diversas configurações do eu.

· 19 ·

O *Filme sobre mim*

Você já percebeu que a mente transforma a vida em um filme?

Como observou Larry Rosenberg em um retiro de meditação do qual participei, o título dele seria *Filme sobre mim* – estrelando: eu; direção: eu; produção: eu; trilha sonora: eu; seleção de elenco: eu; roteiro: eu – crítica: eu! A mente é um verdadeiro diretor amador.

E mais, normalmente o que não falta é drama (e melodrama) nesse filme e, como bem indica o título, um enorme grau de egocentrismo. Quando vivemos o filme na primeira pessoa, nos perdemos na mente e certamente não estamos vivendo com atenção plena. Quando somos capazes de reconhecer e assistir ao filme com certo distanciamento, conseguimos trazer a atenção plena à vida.

O filme em si e a fascinante e sedutora ilusão criada por ele também são uma boa metáfora para o eu. Ao assistirmos a um filme, vemos um movimento fluido ininterrupto. Evidentemente, porém, trata-se apenas de uma rápida sucessão de imagens estáticas ou pixels digitais. A continuidade e a fluidez são uma cortesia ilusória do sistema nervoso e seu aparato sensorial. De maneira análoga, você experimenta um eu sólido e contínuo – mas essa continuidade e solidez são apenas ilusão. De algum modo, a consciência "preenche as lacunas" e garante a continuidade do eu que os neurocientistas – e os budistas, há milênios – afirmam não existir.

A prática pode ajudá-lo a identificar os elementos desse filme e oferece a oportunidade de não levar o eu tão a sério. A prática ajuda a localizar as lacunas na continuidade e a compreender que essa fluidez é uma ilusão (frequentemente muito agradável, mas ainda assim uma ilusão). É possível enxergar o que ocorre entre cada frame do filme, por assim dizer, e se aproximar da realidade dinâmica, em constante mudança, de quem você realmente é para além da ilusão.

· 20 ·
Uma lanterna em um quarto escuro

O engraçado em relação à consciência não é o fato de ela parecer estar em toda parte. Quando olhamos ao redor, ela está bem ali (desde que estejamos prestando atenção, é claro)! No entanto, como observou o falecido Julian Jaynes:

> A consciência é uma parte muito menor da nossa vida mental do que imaginamos, pois não podemos estar cientes daquilo de que não estamos cientes. Falar é simples, difícil é entender! É como pedir a uma lanterna em um quarto escuro para procurar algo que não esteja iluminado. Como há luz em qualquer direção para a qual ela se vire, a lanterna teria que concluir que todo o cômodo está iluminado. Assim, a consciência parece permear a mentalidade como um todo, quando na verdade não o faz.[21]

Mas então o que há de errado em ser uma lanterna em um quarto escuro?

Em primeiro lugar, a lanterna no quarto escuro oferece uma visão enganosa da vida mental e do mundo. Ela pode convencê-lo de que as suas histórias são a realidade em si. Quando volta seu olhar para o mundo, a sua tendência é pensar que é assim que o mundo "realmente" é. No entanto, é o que o mundo parece ser apenas para *você* – um animal humano dotado de olhos, cérebro e mente configurados de uma determinada maneira. A aparência da realidade, a forma como ela soa e as sensações que provoca, tudo isso depende do sistema que a apreende. Perder esse fato de vista é a fonte da ignorância, da arrogância e da soberba, entre muitos outros problemas que poderíamos citar. Como parecemos ser o centro do universo, é fácil concluir que somos mais importantes – e mais conscientes – do que realmente somos.

A prática da atenção plena pode nos ajudar a conhecer melhor a natureza da consciência e a tomar ciência de seu escopo modesto e humilde – e, ao mesmo tempo (ainda que isso pareça um paradoxo), *expandir* tal escopo. A prática pode ser um antídoto útil contra a ignorância, a arrogância e a soberba. Pode nos ajudar a nos esforçar menos para ter razão só por ter razão e a ter uma mentalidade mais aberta e mais flexível.

E quem sabe, com a continuidade da prática, você possa encontrar um interruptor capaz de acender uma luz e iluminar o restante do quarto.

E quem sabe seja essa a "luz" da iluminação...

· 21 ·
Testemunha

Quem é que medita? Quem é que às vezes está consciente do que acontece? Quem é que não está?

Nem os cientistas nem os filósofos sabem responder definitivamente a essas perguntas. Entretanto, existe uma parte da mente que assiste, testemunha e observa. Ou, como afirma Shunryu Suzuki em *Mente zen, mente de principiante*, "nossa mente está sempre com as coisas que observamos. Então veja, essa mente é tudo ao mesmo tempo. A verdadeira mente é aquela que observa. Antes de enxergar a natureza do Buda, é preciso observar a mente".[22]

A prática da atenção plena desenvolve a capacidade de observar e testemunhar – de ser espectador – de eventos internos e externos. Ela desenvolve o *sujeito* metafórico, de modo que esse sujeito possa estar mais consciente do que os eus metafóricos estão aprontando. A capacidade de observar gera uma pausa e permite que uma escolha aconteça. Conhecendo os eus, o sujeito pode encontrar as lacunas entre o impulso de agir e a ação em si. Imagine as dificuldades que isso lhe pouparia: as palavras raivosas que deixaria de proferir, os pacotes de salgadinhos que deixaria de comer, os drinques a mais que deixaria de consumir e os nocivos autojulgamentos que deixaria de se impor.

E se você testemunhasse o surgimento desses impulsos sem ser levado a colocá-los em prática?

· 22 ·
"Mostre-me o eu dentro do eu"

Justo quando acha que entendeu tudo – quem você é e qual é o seu lugar no mundo –, você descobre que há muito mais sob a superfície.

O eu é como uma matrioska – aquelas bonecas russas que trazem dentro de si várias bonecas aninhadas uma dentro da outra; você vai abrindo e vai encontrando versões cada vez menores da mesma boneca. Ou então pense na imagem criada por dois espelhos colocados um diante do outro. Há uma imagem do reflexo em cada reflexo – uma regressão ao infinito; ou imagine-se descascando uma cebola em suas inúmeras camadas. Essa última imagem, a da cebola, costuma ser usada particularmente em referência ao processo da prática da meditação. Quanto mais nos aprofundamos no eu, mais camadas encontramos. Em algum momento, as camadas da cebola chegam ao fim, nada mais resta.

Mas, afinal, onde está esse eu? Onde está esse *sujeito* que chamamos de *eu*? Nas bonecas aninhadas umas dentro das outras, chega-se, é claro, à "menor" versão de todas; na cebola, chega-se à "última" camada da cebola – e é aqui que a metáfora perde sentido. Ao passo que a dos espelhos colocados um diante do outro sugere, talvez de um jeito mais preciso, que o eu não reside em um local definitivo e final.

James Randi, famoso por desmascarar alegações de parapsicologia, oferece permanentemente um prêmio de 1 milhão de dólares a qualquer pessoa que consiga demonstrar cientificamente um fenômeno paranormal. Até hoje ninguém conseguiu. Poderíamos, com igual confiança, oferecer o mesmo prêmio a qualquer pessoa capaz de localizar o eu dentro (ou fora) do cérebro – com a certeza de que ninguém tampouco conseguiria.

A prática da atenção plena nos ajuda a ver todas as produções do eu, camada por camada – ajudando-nos também a não nos identificarmos com nenhum dos eus como a palavra "final" sobre quem somos. Ela nos ajuda a enxergar a natureza efêmera e mutável do eu e a compreender o processo de mudança em si.

· 23 ·

Pensamentos são como bolhas de sabão

Sem a consciência atenta, facilmente achamos que todos os pensamentos que surgem em nossa mente são uma entidade sólida que, de alguma maneira, representam verdades definitivas sobre a realidade. Porém, quando analisamos esses objetos mentais mais de perto, o que antes parecia sólido ou opaco se revela frágil, sem substância, mais parecido com uma bolha de sabão do que com uma pedra. Se você voltar toda a sua atenção ao pensamento como um processo, sem se deixar ser sugado pelas histórias que ele conta nem por seu conteúdo, a bolha tende a explodir. Assim como as bolhas de sabão, os pensamentos tendem a vir à tona, mas a atenção plena os explode.

Descobrir que nossos pensamentos aparentemente sólidos são frágeis pode trazer enormes benefícios: é o primeiro passo para romper com a dependência e valorização exagerada do pensamento. E quando isso acontece, passamos a constatar que os pensamentos não são fatos: embora reflitam ou mapeiem determinados aspectos da realidade, eles não são a última palavra sobre a realidade em si. São produtos ou construções da mente. Na verdade, os pensamentos muitas vezes podem ser tendenciosos, distorcidos pelos nossos sistemas de referências, nossas categorias, nossos esquemas, e certos tipos de raciocínio – como o dos psicóticos, por exemplo – podem se desligar totalmente da realidade. Para todos nós, psicóticos ou não, é saudável adotar certo ceticismo em relação ao pensamento. O fato de uma pessoa ser cética não significa que tenha a mente fechada. Cético é aquele que indaga: "Quero ver as provas, onde estão?"

Os maiores trapaceiros são os pensamentos que parecem mapear nossa identidade individual como um objeto sólido e duradouro. No entanto, esse mapeamento também é composto de pensamentos que vêm à tona e explodem como bolhas de sabão. Poderia parecer que algo se perde nessa concepção do eu – mas não é bem assim. Na verdade, se abrirmos mão de algumas ideias que acalentamos, desses pensamentos sobre o eu em que tanto acreditamos, começamos a aprender, por meio da experiência direta, o custo que elas têm. Elas precisam ser mantidas, protegidas, cuidadas e nutridas. O tal eu sólido na verdade é fonte de muito sofrimento.

Entretanto, enxergar a falta de substância dos pensamentos e das crenças a respeito do eu não significa que você vá desaparecer de algum modo – você não vai se desintegrar no nada nem se tornar incapaz de agir no mundo. Você não perderá sua personalidade, suas paixões, seus interesses ou seus desejos. Você só perderá a necessidade neurótica de que as coisas sempre transcorram de uma determinada maneira.

Não raro, a experiência é descrita como libertadora, nos livrando de toda a ansiedade e dos esforços que antes eram dedicados a proteger esse eu sólido. O que surge, então, é algo que o aproxima mais de quem realmente é.[23] Você vai se sentir mais leve e vai passar a não se levar tão a sério.

· 24 ·
Cozinhando em fogo baixo

Imagine uma panela no fogo. Ela pode ser vista como a mente e o eu. Trata-se de uma metáfora de contenção e processamento.

Podemos colocar coisas na panela e cozinhá-las. A panela é a contenção; é possível também tampá-la. E mais, preparadas nessa forma de cozimento, as coisas se reduzem (no sentido culinário da palavra). Uma redução demi-glace demora; o resultado é um molho encorpado, saboroso e intenso. Reações emocionais, impulsos, autodepreciação, ansiedade e depressão são bons candidatos ao cozimento em fogo baixo.

O processo de cozimento torna os alimentos mais digeríveis e palatáveis. Da mesma forma, cozinhar as suas experiências ajuda a metabolizá-las. A meditação em muito se assemelha ao cozimento, especialmente a que praticamos sentados. A posição que assumimos quando nos sentamos é estável e contida como a panela. Quando estamos sentados, todos os tipos de imagens, sentimentos e pensamentos intensos podem vir à tona. Às vezes sinto necessidade de levantar da almofada e ir fazer qualquer outra coisa. Nesses momentos em que surge algo importante é que é fundamental permanecer no lugar e manter o fogo aceso.

Procure fazer de si uma panela forte e leve-a ao fogo. Mantenha o fogo baixo para não queimar a comida nem o fundo da panela. Alguns pratos, como o ensopado, não precisam receber muita atenção. Basta colocar os ingredientes e deixar que o tempo e o calor se encarreguem do cozimento. Outros, como um risoto, exige que o cozinheiro não pare de mexer. Depende da situação que você estiver vivenciando. Você precisa estar atento o tempo todo (durante uma crise) ou pode preparar uma receita em fogo baixo (ao lidar com uma dor crônica, por exemplo)? Coloque todas as suas preocupações na panela e cozinhe-as em fogo brando. *Bon appétit!*

· 25 ·
Burro de carga

Permitir que situações ou opiniões e atitudes de terceiros afetem sua autoestima é, sem dúvida alguma, uma forma de insanidade. Assim como um animal que puxa o arado, quando sujeitamos nosso bem-estar às vicissitudes da vida, perdemos o controle sobre ela. A prática da atenção plena pode nos ajudar a defender o que chamo de *não contingência cética*. Dessa perspectiva, recebemos com ceticismo todos os julgamentos internos e externos, esforçando-nos para ser responsivos ao feedback de terceiros e às situações sem, no entanto, acreditar cegamente na opinião que os outros têm de nós (e isso inclui nossos próprios autojulgamentos). Além disso, tentamos desfazer os laços que nos prendem a resultados que não estão sob o nosso controle. Assim, as circunstâncias podem flutuar, mas nosso valor pessoal e nosso bem-estar podem se manter estáveis, relativamente intocados pelos altos e baixos da vida – o valor que atribuímos a nós mesmos se torna "não contingente" em relação às vicissitudes das opiniões e circunstâncias. A equanimidade é outra característica dessa abordagem. Quando somos equânimes, lidamos com as situações, até mesmo as mais difíceis, com uma espécie de atenção realista. Embora situações difíceis possam ser desagradáveis, quando temos equanimidade, criamos um espaço que nos ajuda a lidar com a situação sem associar nosso senso de individualidade aos resultados. A equanimidade é um dos principais "produtos" da prática, pois estamos aprendendo a estar presentes no momento com plena atenção e aceitação não contingente.

· 26 ·
Líder da matilha

Cesar Millan, renomado especialista em comportamento canino e "encantador de cães", recomenda as seguintes estratégias para ter um relacionamento estável, calmo e feliz com um cão: exercício, disciplina na forma de uma liderança forte e afeto – nessa ordem.

Com a mente, não é diferente. Nossos pensamentos precisam de uma presença calma e estável – e de um líder forte. Entre os cães, às vezes a autoridade do líder da matilha é desafiada por outro cão, que luta pela dominância; no caso da mente humana, nossa "liderança forte" é desafiada por algum pensamento problemático ou crença negativa a respeito de nós mesmos. Quando isso acontece, como "líder da matilha", podemos aprender a afirmar com calma o nosso papel – nossa "dominância atenta" –, desviando a atenção desses pensamentos e voltando-a à questão com a qual lidamos no momento. É o que faz o "líder da matilha da mente": ele nos mantém ancorados no presente e nos redireciona ao presente sempre que nos perdemos.

Você, o *sujeito*, a testemunha, o observador, pode utilizar a mesma estratégia de exercício, disciplina e afeto. Os exercícios, nesse caso, incluem exercícios físicos e mentais. A palavra disciplina muitas vezes é mal interpretada, evocando imagens militares ou punitivas, mas, nesse caso, sugere consistência, esforço e dedicação ao aprendizado. Na verdade, etimologicamente, a palavra *disciplina* está relacionada à palavra *discípulo*, e deriva de uma palavra latina que significa "aprender". Disciplina é o compromisso de aprender a cuidar de si da melhor maneira possível. Também pode ser útil dar algum afeto a si mesmo, adotar uma atitude terna em relação às suas imperfeições e acolher a si mesmo à medida que você se desenvolve por meio do exercício e da disciplina.

A prática da atenção plena o treina para que você se torne o líder de matilha da sua mente. Os pensamentos da sua mente cachorro começarão a segui-lo e a obedecer aos seus comandos – aqui, senta, fica. Assim podemos aprender a levar a mente cachorro para passear, em vez de sermos arrastados por ela. Isso, boa menina!

• 27 •
O dedo que aponta a Lua não é a Lua

Essa imagem tradicional do zen nos lembra que podemos representar conceitos por meio da linguagem da mesma forma que podemos apontar para a lua, mas a representação não é a coisa em si. Escrever sobre budismo e mindfulness não equivale à verdade do que o texto tenta capturar. A verdade da nossa experiência está além das palavras.

Isso poderia servir como uma metáfora do eu, quando confundimos a imagem que temos de nós mesmos com a energia real do sujeito, vivida momento a momento. O eu conceitual parece substancial e sólido, mas carece de substância inerente; é apenas uma representação. Às vezes nos esquecemos de que a representação de uma coisa não é a coisa em si. Reflita um pouco sobre isso. Se você é como a maioria das pessoas, tende a viver no mundo das ideias e dos conceitos, algo semelhante a se concentrar no dedo que aponta a Lua. Muitas vezes pode estar afastado da experiência dinâmica e tangível da experiência vivida. É isto que estar presente no agora tem a oferecer – passar do mundo das ideias à experiência direta.

As próprias instruções da meditação de atenção plena abordam a diferença entre a representação e a coisa em si. Quando você se senta para meditar e começa a sentir sua respiração, o que observa não é o conceito da respiração, mas as sensações reais que estão presentes e que mudam a cada momento. Você fica trazendo a atenção de volta para essas sensações dinâmicas e tangíveis. Praticando dessa maneira, será possível aplicar essa distinção às experiências e aos acontecimentos que ocorrem fora da prática formal da meditação. Entre essas experiências estão seu trabalho, sua família e seu eu. A atenção plena oferece, portanto, uma forma de se aproximar de sua vida, sua vida real, da vida real que está sendo vivida.

· 28 ·
O mesmo rio

Costuma-se dizer que uma pessoa não pode entrar no mesmo rio duas vezes.

O eu é como um rio – em constante mudança. A maior parte das células do corpo se renova a cada sete anos e praticamente todos os seus átomos mudam todo ano. A sensação de constância se sobrepõe ao fluxo incessante da vida.

A prática da atenção plena nos ajuda a reconhecer um "rio do eu" que flui e muda constantemente. Entretanto, na prática da meditação, há um fluxo de energia, e o observador perspicaz não pode deixar de perceber que tudo – tal como o rio e suas margens – muda *constantemente*. Essa mudança é o princípio budista fundamental da impermanência. Experimentar a natureza mutável das coisas em primeira mão o ajudará a se identificar menos como uma entidade sólida imutável.

A visão do eu como algo sólido e imutável evidentemente é uma ilusão. Mesmo assim, vale a pena falarmos de rios, como o Hudson e o Nilo, e de eus individuais, como você e eu, como entidades dotadas de significado no mundo prático. Desde que compreendamos sua natureza mutável e não tentemos nos agarrar a eles de forma imutável, isso não será um problema.

· 29 ·
Um lago de águas paradas

Em muitos escritos budistas, a mente e o eu são comparados a um lago. Os pensamentos podem ser vistos como a brisa ou o vento que sopra em sua superfície. Tais perturbações obscurecem o que podemos ver abaixo da superfície – o fundo do lago, a base do ser – sem mudá-lo de maneira nenhuma. Essa base está lá, sempre lá, não importa o que esteja acontecendo na superfície.

Se nos identificarmos apenas com a superfície, teremos uma visão equivocada do eu, uma visão incompleta da realidade, o que nos deixa à mercê do vento e do tempo – os intermináveis dramas da vida cotidiana. Quando a brisa sopra com gentileza e a vida está tranquila, tudo bem, mas os momentos de dificuldades surgem, o vento sopra forte, a "superfície-mente" é perturbada e nossa clareza fica comprometida. Há sabedoria em não localizar nosso bem-estar na superfície, porque isso nos liberta da dependência de condições que talvez não possamos controlar.

A prática da atenção plena ajuda a acalmar a superfície para que possamos enxergar tanto o fundo do lago quanto sua superfície. Ajuda também a assentar os sedimentos no fundo do lago quando suas águas estão agitadas. E às vezes a prática inclusive agita esse material do fundo do lago à medida que trabalhamos questões importantes que podem ter sido ignoradas ou negadas durante um tempo antes de ajudá-lo a se assentar novamente.

Até a lama faz parte do caminho.

· 30 ·
"Espelho, espelho meu"

O espelho não mente. Não tem opinião própria. Ele mostra a sua aparência neste momento. O espelho é um convite a um encontro consigo mesmo. Em um poema maravilhoso intitulado "Amor após amor", Derek Walcott, ganhador do prêmio Nobel, fala sobre o reencontro do eu consigo mesmo: "saudarás a ti mesmo que chegas/à tua porta, em teu espelho".

Às vezes, é claro, pode ser difícil olhar para esse espelho e confrontar o que vemos. Particularmente quando não estamos bem conosco, quando nos sentimos culpados. Em outras ocasiões, nos vemos exatamente como somos, e o resultado é um sorriso.

Muitas tradições espirituais encaram a relação aluno-professor ou guru-discípulo como um espelho. O professor é um espelho para o aluno, mostrando-lhe suas limitações e seus potenciais, refletindo para o aluno o que ele/ela precisa enxergar naquele exato momento.

A prática da atenção plena ajuda a desenvolver esse espelhar-se. A meditação também ajuda na capacidade de "autorreflexão" – tanto no sentido metafórico da palavra quanto em seu sentido mais concreto. A prática nos ensina a olhar no espelho do eu sem titubear, sem fugir, sem ter uma reação cega, automática. Desenvolve também o hábito de realmente enxergarmos o que *é*, sem adornos, sem nos desviarmos, sem fugirmos e sem necessidade de nos livrarmos de algo.

· 31 ·
Sem representação não há taxação

Nos Estados Unidos, as crianças aprendem desde cedo que a Revolução Americana teve como uma de suas motivações a cobrança de impostos sem direito a representação. Os fundadores americanos acreditavam que essa era uma razão válida para a revolução.

Entretanto, nossa mente se submete a uma forma diferente de "taxação sem representação". Quando as nossas próprias ações e decisões não refletem nossos verdadeiros valores, motivações e desejos, estamos basicamente prestando uma homenagem à tirania, desistindo de nos fazer ouvir – desistindo, nós mesmos, de ouvir nossa própria voz. Estamos abrindo mão da nossa representação no congresso da nossa vida.

Se os pais fundadores dos Estados Unidos não se submeteram a essa injustiça, você tampouco deve fazer isso. Os impostos são necessários e devem ser justos. O eu tirânico é a voz interior que (como fez o rei George III com as colônias) subjuga os outros, contra os interesses deles.

Porém, como os pais fundadores, você também pode questionar a autoridade despótica do seu eu tirânico. O processo não exige que você declare guerra, mas, se for esse o caso, ela deve ser uma guerra de aceitação, gentileza e entrega – cedendo à realidade do momento presente em constante mudança, momento a momento, respiração a respiração. A prática da atenção plena nos ajuda a identificar as crenças tirânicas e a reconhecer o eu tirânico simplesmente como uma série de pensamentos e opiniões, não como uma verdade definitiva.

Depois que aprendemos a reconhecer a verdadeira natureza dos tiranos das opiniões e dos julgamentos, poderemos prontamente trabalhar para nos libertar do domínio deles.

· 32 ·

Quórum

O dicionário define a palavra quórum como "quantidade mínima obrigatória de membros presentes ou formalmente representados para que uma assembleia possa deliberar e tomar decisões válidas". Uma forma de enxergar o eu é considerar que ele contém vários eus.

O mestre budista tibetano Sogyal Rinpoche observa que "somos, no momento, como várias pessoas vivendo em uma só".[24] O neurocientista Stephen Pinker concorda, ao afirmar que "nossa vida mental é um ruidoso parlamento composto por diferentes facções concorrentes".[25] Walt Whitman talvez tenha resumido melhor a questão: "Sou vasto. Contenho multidões."

Ao pensarmos no eu, a imagem de um comitê ou um conselho executivo que exige quórum se encaixa perfeitamente. Se agirmos sem quórum, permitimos que um grupo reduzido de indivíduos ruidosos – um complô, por assim dizer – assuma o controle dos negócios do eu. Essa facção começa a tomar decisões com base no medo, no perfeccionismo e na autoproteção desnecessária, levando o eu na direção da infelicidade e das limitações. Certamente não administraríamos um negócio assim, mas às vezes é exatamente assim que acabamos conduzindo a nossa vida.

A prática da atenção plena nos ajuda a colocar todos os aspectos do eu na mesa. Ela permite que você se familiarize com as diferentes vozes, opiniões e intenções que estão presentes dentro de si. Permite também que escolha quais dessas vozes, opiniões e intenções vai seguir. O quórum é o caminho para reduzir a influência angustiante e prejudicial do eu tirânico.

· 33 ·
"Coloque a sua máscara de oxigênio primeiro"

Muitas pessoas têm dificuldade em cuidar de si mesmas e acreditam estar sendo egoístas ao atender às próprias necessidades.

Assim como tentar cortar lenha com um machado cego, tentar cuidar dos outros sem cuidar de si primeiro é uma estratégia contraproducente. As empresas aéreas reconhecem isso. Na demonstração de segurança antes da decolagem, comissários de bordo anunciam: "Em caso de despressurização da cabine, máscaras de oxigênio cairão automaticamente dos compartimentos localizados acima dos assentos. Coloque a sua máscara primeiro e só então em crianças ou outras pessoas que precisem de ajuda."

A prática da atenção plena nos ajuda a adotar essa atitude. Em última análise, só podemos cuidar efetivamente dos outros com compaixão se antes cuidarmos de nós mesmos com toda a atenção.

METÁFORAS DA EMOÇÃO, DA MUDANÇA E DA "LOUCURA COMUM"

As metáforas desta seção mergulham mais fundo no modo como a mente torna a vida especialmente difícil. Elas também tratam das emoções e do processo de mudança. A mente é uma criatura de hábitos, e muitas vezes não está disposta a abrir mão das rotinas que mais preza, mesmo quando elas geram sofrimento. É difícil mudar nossos hábitos.

As metáforas também podem ser úteis para o processo de mudança, oferecendo uma imagem de como a transformação pode ocorrer.[26] De certa forma, essas metáforas talvez sirvam como uma espécie de moldura – estrutura, orientação, até mesmo conforto. Muitas das metáforas desta parte tratam das nossas crenças implícitas e de como essas crenças nos causam sofrimento.

É difícil separar a mente de tudo que pode dar de errado com a mente, porque grande parte do que nossa mente faz rotineiramente pode ser problemático. Entretanto, farei aqui uma tentativa de diferenciar a "loucura comum" de problemas de saúde mental mais preocupantes.

· 34 ·
Fogo da incerteza

Você consegue acolher a possibilidade de ter o que deseja? Consegue escolher o que deseja, deixando de lado tudo o que acha que "deve" fazer da sua vida – as expectativas da sociedade, as suas, as dos outros, todas as aspirações à perfeição ideais e inalcançáveis que você impõe a si mesmo? A ideia de escolher o que deseja e não o que *deveria* desejar inclui também acolher ou administrar suas responsabilidades básicas.[27] Essas fontes concorrentes podem confundir; essa confusão pode se alastrar como um incêndio na floresta. O fogo é assustador e potencialmente perigoso, por isso precisa ser contido – e obviamente você não vai querer causar um incêndio florestal. A atenção plena ajuda a conter o fogo.

A prática ajuda a lhe oferecer acesso rápido às informações importantes que seus sentimentos guardam e, ao mesmo tempo, o auxilia a não se deixar sugar ou dominar inteiramente por eles. Na verdade, a abordagem básica da atenção plena consiste em se concentrar nas sensações do corpo e levá-la de volta toda vez que se distrair. Esse movimento de ir e vir da atenção estimula a intimidade e a conexão com o corpo, dando-lhe uma noção verdadeira do que é importante para você, para além de tudo que acha que *deve*.

A atenção plena em si pode ser vista como um fogo que consome o que é irrelevante e desnecessário. Queimando como uma fogueira, você pode se aproximar da liberdade e queimar todo o resto, sem deixar vestígios.

Shunryu Suzuki afirma o seguinte:

> Para não deixar vestígios, quando fizer algo, faça-o com todo o corpo e toda a mente; concentre-se inteiramente no que fizer. Faça-o completamente, como uma boa fogueira, [...] não uma fogueira ruim. Queime-se totalmente. Se não se queimar completamente, restará um vestígio seu em tudo que fizer. Haverá restos que não foram inteiramente queimados. A atividade zen é a atividade completamente queimada, sem que nada reste, exceto as cinzas.[28]

· 35 ·
O sal da terra

O episódio da primeira temporada do seriado *Star Trek* intitulado "O sal da terra" oferece um relato vívido do poder da negação.

No episódio, o Dr. McCoy encontra uma antiga namorada, Nancy. Aos seus olhos, ela ainda é a mesma jovem que ele conheceu anos antes. Aos olhos de um outro membro da tripulação, ela lembra uma mulher que ele conheceu certa vez em um planeta do prazer. Esse infeliz e dispensável tripulante (um camisa vermelha) a leva para sair e, como era de se esperar, acaba morto – com todo o sal sugado de seu corpo. Mais adiante, descobrimos que "Nancy" na verdade é um ser mutante que precisa de enormes quantidades de sal para sobreviver e, para isso, suga o sangue dos humanos.

No auge dramático do episódio, o Dr. McCoy precisa matar "Nancy" para salvar a vida do Capitão Kirk. Racionalmente, ele sabe que ela é uma criatura assassina, mas não consegue aceitar essa realidade em seu coração. Ele é incapaz de acreditar em algo diferente do que seus olhos lhe dizem. Felizmente para o Capitão, ele consegue sair do estado de negação, como se estivesse saindo de um transe, e dispara o phaser na criatura.

Com que frequência você se envolve em situações como a do Dr. McCoy, nas quais tem consciência de alguma coisa, mas não é capaz de reconhecer os fatos por desejar ardentemente que fosse diferente? Talvez seja um relacionamento que você sabe que é tóxico, mas do qual não consegue se livrar. Você deseja ou precisa enxergar o outro de determinada maneira, independentemente de como a pessoa realmente é. Assim se machuca com frequência, mas o apego continua.

Como ela nos ajuda a perceber com mais clareza a realidade no momento, a prática da atenção plena pode ajudá-lo a ter um contato mais claro com a realidade, a se aproximar de uma percepção mais exata, menos turvada pelo desejo e pela negação. Pode ajudá-lo a desenvolver mais confiança no que percebe porque você treinou prestar atenção no que sente em seu corpo a cada momento. Pode ajudá-lo a fazer contato com a sabedoria dos seus sentimentos e estar mais bem equipado para lidar com as criações do pensamento da sua mente desejosa e melancólica.

A atenção ajuda a "assentar" a cabeça e o coração no que realmente é.

· 36 ·
Bagagem emocional

Imagine que você carrega o tempo todo uma mala enorme. Dentro dela, está tudo aquilo a que você se agarra – todos os traumas, decepções e injustiças que já viveu. A mala deve estar bastante pesada. Essa imagem, a metáfora da bagagem emocional, já foi adotada pela nossa cultura.

Quantas vezes você ouviu em um filme, na televisão ou de um amigo, que tal pessoa "carrega uma bagagem pesada"? Ou que "traz muita coisa da infância"? Quanto tempo e energia são consumidos com tudo que você carrega? Quanta energia emocional é gasta arrastando sua mala e tentando mantê-la bem fechada, deixando as pesadas lembranças e crenças longe da consciência?

A prática da atenção plena pode ajudá-lo a identificar, largar e esvaziar essa bagagem. O primeiro passo, claro, consiste em simplesmente perceber e realmente sentir o peso do fardo que carrega: antigas histórias e crenças sobre você e sobre o mundo, julgamentos rígidos demais, mágoas da infância. A meditação vai ajudá-lo a fazer isso. E, quando o fizer, você terá a oportunidade de realmente *olhar* o que tem dentro da sua mala, em vez de guardar tudo lá no fundo e sair arrastando consigo por aí. Tomando a iniciativa de identificar e examinar a bagagem, você terá oportunidade de se livrar de todas essas experiências armazenadas – quem sabe deixando apenas as que são valiosas e "doando" o restante para instituições de caridade.

Pense no que você poderia fazer com toda a energia adicional que você terá depois de se livrar de toda a sua bagagem emocional! Imagine quão leve se sentiria!

· 37 ·
Guardiões da solidão

O poeta Rainer Maria Rilke ofereceu a metáfora do guardião para os relacionamentos sérios em *Cartas do poeta sobre a vida*.[29]

> Sinto que o casamento não se trata de criar uma rápida comunhão do espírito pela destruição de todas as fronteiras; ao contrário, um bom casamento é aquele em que um define o outro como guardião de sua solidão e lhe demonstra essa confiança, a maior que se pode conceder. A *unidade* entre duas pessoas é uma impossibilidade e onde, contudo, parece existir, é uma limitação, um acordo mútuo que priva uma parte ou ambas de sua mais plena liberdade e desenvolvimento. Mas quando se reconhece que mesmo entre os seres humanos *mais próximos* subsistem distâncias infinitas, eles podem construir uma maravilhosa vida a dois, se forem capazes de amar a vastidão que lhes dá a possibilidade de se verem um ao outro em sua plenitude e diante do imenso céu!

Como você pode ser você mesmo e ao mesmo tempo estar com o outro?

Rilke escreveu isso muito antes do surgimento da terapia de família e, no entanto, ele descreve o que os terapeutas caracterizariam como fusão, recomendando um caminho de autonomia e maturidade para os relacionamentos. O desafio de um relacionamento maduro não está em subverter nem impor o eu ao outro.

O relacionamento é o lugar mais desafiador e frutífero para se aplicar a prática da atenção plena. Relacionamentos íntimos também oferecem a melhor oportunidade para enxergar seus limites e saber o que o tira do sério. As interações interpessoais costumam ser difíceis e complexas, e talvez seja o terreno onde estamos mais propensos a ser distraídos e reativos.

· 38 ·

Perfectomia

Há alguns anos, eu dava aula de Introdução à Psicologia e, na mesma época, atendia uma paciente com transtorno obsessivo-compulsivo (TOC) que apresentava uma necessidade de fazer tudo com perfeição. Parte do conteúdo do meu curso falava sobre a história do tratamento dos transtornos mentais e da terrível prática, muito comum em certo período da história, da lobotomia: a remoção cirúrgica ou destruição de partes do cérebro. Ao refletir com minha paciente e constatarmos que a necessidade de perfeição pode estar integrada à própria estrutura do ser, fazendo parte de todos os pensamentos e fundamentando os sentimentos que você pode ter, as duas ideias se encontraram e imaginei um procedimento que poderíamos chamar de "perfectomia".

Entretanto, ao contrário das insensatas lobotomias tão populares na década de 1950, a perfectomia é realizada por meio da atenção plena, um procedimento não cirúrgico, não invasivo e seguro que ajuda a pessoa a identificar e melhorar as próprias tendências perfeccionistas. A atenção plena permite que você se torne mais íntimo da sua própria mente, levando a atenção consciente a esferas do pensamento e sentimento que vêm agindo despercebidamente, em modo automático. A prática também ajuda a identificar temas importantes no perfeccionismo e a acolhê-los com gentileza e curiosidade, e não com respostas compulsivas e reflexivas.

· 39 ·
Dentro do buraco, com uma pá

Imagine que você está dentro de uma vala ou de um buraco. A única ferramenta de que dispõe é uma pá, então tenta usá-la para encontrar um jeito de sair dali. Mas é claro que isso nunca vai funcionar: você pode cavar por horas, dias e semanas a fio, e só consegue fazer aumentar o tamanho do buraco.

Com que frequência fazemos algo bem parecido com isso na nossa vida?

Somos viciados em pensar, por isso tendemos a recorrer primeiro ao pensamento, às vezes até acreditando ser essa a única ferramenta de que dispomos. Quando a mente contadora de histórias nos causou sofrimento, usar mais histórias, mais pensamentos para se livrar do sofrimento é como usar uma pá para tentar sair do buraco.

O corpo é a saída para a ruminação, e a atenção plena voltada ao corpo e suas sensações são as ferramentas que precisamos ter sempre à mão.

· 40 ·
Mente da privação

O professor de meditação Ram Dass[30] usa a expressão "modelo de privação", e eu gostaria de apresentar uma pequena variação da expressão: *mente* da privação. A mente da privação é uma versão específica da mente contadora de histórias. Ela está sempre olhando o mundo e afirmando "não tenho o suficiente" – seja amor, sexo, dinheiro, conforto, tranquilidade, reconhecimento, validação, compreensão, segurança ou uma variedade de coisas semelhantes. A mente da privação é especialmente inclinada a criar cenários catastróficos de um futuro em que não haverá o suficiente de qualquer coisa com a qual ela esteja preocupada agora ou um futuro em que perderá tudo que tem. Ela pode ser uma força destrutiva sutil e ainda assim muito disseminada na vida.

A mente da privação também pode contribuir para construir a ideia de que somos deficientes ou defeituosos de alguma maneira. Obviamente, quando somos inundados por mensagens interiores ou exteriores que nos dizem que não temos o suficiente, podemos facilmente acreditar que há algo de errado conosco e que bastaria ter mais *alguma coisa* para resolvermos esse problema – agradeça à publicidade e à nossa cultura de consumo por boa parte disso.

Um cartoon publicado na *The New Yorker* no início da guerra do Iraque mostra um iraquiano vestindo uma camiseta com os dizeres "I love USA" num local destruído por um bombardeio. Com a legenda "Iraque livre", o homem tem os seguintes pensamentos: "Será que estou ficando careca?",

"Estou engordando muito?", "Estou com mau hálito?", "Meus dentes estão amarelados?", "Estou precisando de um carro novo?", "Meu desodorante está me deixando na mão?". Essa é a mente da privação em ação.

E, no entanto, tudo é mutável na natureza; é a verdade da impermanência. Porém impermanência não precisa ser sinônimo de privação. Quando você consegue estar presente, com atenção plena, e vivenciar a natureza mutável da vida, momento a momento, começa a enxergar a sabedoria prática de não tentar correr atrás das coisas nem afastá-las de si.

A prática da atenção plena o ajuda a se familiarizar com sua mente da privação e as "parentes" dela: a mente da deficiência e a mente defeituosa. Ela lhe mostra em que ocasiões sua mente contadora de histórias está reclamando ativamente sobre as coisas que acredita não ter em quantidade suficiente ou sobre o que há de errado com você ou com sua vida. Trocando o hábito da reclamação pelo da atenção plena, você pode se afastar da "loucura comum" dessas mentes e se aproximar da aceitação e da satisfação.

· 41 ·
Trago boas e más notícias

Primeiro, as boas. O corpo humano dispõe de um admirável e sofisticado conjunto de sistemas destinados a lidar com o estresse. Entre eles estão o cérebro, o sistema nervoso autônomo, o sistema endócrino e o sistema imunológico. Eles atuam em perfeita sincronia entre si para manter complexos níveis de equilíbrio e ajudar a nossa adaptação em situações de perigo e ameaça. Admirável. Essa é a boa notícia.

Agora vamos à má notícia: você nasceu cerca de 100 mil anos atrasado para esses sistemas funcionarem perfeitamente para você. Esses processos evoluíram no ambiente dos nossos ancestrais humanos como resposta ao estresse agudo. O corpo-mente libera uma enorme quantidade de energia quando se vê diante de uma situação tensa, abastecendo o cérebro e o corpo com neurotransmissores e hormônios para mobilizar a ação. É a famosa resposta de luta ou fuga.[31] Tais sistemas não foram concebidos para lidar com fatores de estresse crônico, como trânsito, multidões, chefes difíceis no trabalho, preocupações financeiras, conflitos no casamento e sobrecarga de informações. Na verdade, esse "cérebro herdado" testemunhou poucas das condições que enfrentamos atualmente.[32]

O propósito do cérebro que herdamos é nos manter sãos e salvos, protegendo-nos em um ambiente perigoso, repleto de predadores, à mercê da fome, de baixas temperaturas e ameaças sociais. E o cérebro herdado apresenta uma tendência à ansiedade. Veja bem, no processo evolutivo, os mais aptos sobrevivem – acontece que mais apto não significa necessariamente mais forte ou mais inteligente. Os mais aptos são os mais responsivos à mudança, que vivem tempo suficiente para se reproduzir e transmitir seus genes à próxima geração. Os mais alertas e atentos aos possíveis perigos têm mais chance de sobreviver. Por isso os pensamentos negativos são mais comuns, mais lembrados e mais potentes – porque ajudavam nossos ancestrais a sobreviver. Esse viés de negatividade faz sentido porque um erro de avaliação – "Será que era mesmo um tigre? Deixa para lá, é melhor eu não me preocupar." – poderia custar muito caro.

Entender como o sistema de resposta ao estresse evoluiu pode ser especialmente útil.[33] A prática da atenção plena pode ajudá-lo a se familiarizar com a manifestação do estresse no corpo: a sensação de aperto no peito, rubor facial, taquicardia, o som do sangue fluindo nos ouvidos, músculos retesados. Às vezes ficamos tão absortos em pensamentos e histórias que essas sensações podem ser a primeira pista de situações de estresse e ansiedade. Essa consciência pode nos ajudar a nos libertarmos do enredo dramático dos nossos pensamentos e voltar ao presente.

• 42 •

O Drama Sutra

Você é "viciado" em comoção, drama e espetáculo? Sua vida é muito caótica? Quanto desse caos é sua escolha ou poderia ser evitado? Agindo no piloto automático, só fazemos intensificar o drama, em vez de reduzi-lo.

A prática da atenção plena nos ajuda a superar essa tentação de agir de formas que criam dramas cada vez mais intermináveis e a direcionar nossa atenção à totalidade da vida, sem deixar que o Drama Sutra fique no centro do palco.

O prelúdio do Drama Sutra tem indícios característicos no corpo, e eles serão cada vez mais identificáveis com a prática. Concentrando-se no corpo, e não na história, você tira do Drama Sutra toda a sua força, pois é a mente contadora de histórias que o sustenta. Em vez de remoer o drama social, concentre-se no maravilhoso e intrincado drama interior das mudanças na experiência, momento a momento. Se conseguir desenvolver o fascínio pela experiência presente, você perderá o interesse pelo Drama Sutra e deixará de assistir a todos os seus ensaios e apresentações!

· 43 ·
"Não acredite em tudo que você pensa"

Todos nós já fomos advertidos a não acreditar em tudo que lemos – afinal, a imprensa não é infalível e os marqueteiros estão sempre de plantão para tentar nos vender alguma coisa. A melhor abordagem à palavra escrita consiste em desenvolver um ceticismo saudável. Mas e quanto à palavra *cogitada*?

Certa vez, vi um adesivo num carro que resume bem o que quero dizer: "Não acredite em tudo que você pensa." Talvez o slogan pudesse até ser modificado: "Não acredite em *nada* que você pensa" – pelo menos não sem uma boa dose de ceticismo.

Se validarmos os pensamentos como verdadeiros simplesmente porque eles se originam dentro da nossa mente, vamos gerar só infelicidade. O que poderia significar reconhecer pensamentos como meros pensamentos e desenvolver um ceticismo saudável em relação a eles, sem considerá-los verdades definitivas? Existe alguma forma de fazer isso sem nos tornarmos cínicos?

Podemos começar com os que têm certo sabor negativo, os pensamentos de natureza crítica. Quando eles surgirem, pergunte: "Existe algum feedback positivo para mim aqui? Algum aprendizado que eu possa extrair da situação?" Se houver, identifique esse importante ensinamento, agradeça ao pensamento crítico e siga em frente, integrando essa nova percepção na medida em que for útil e possível. Muitas vezes, porém, não existe feedback positivo ou ação corretiva a tomar, como nas situações em que lidamos com pensamentos de crítica generalizada, do tipo "eu não sirvo para nada".

A prática da atenção plena o ajudará a "desconfiar" desses pensamentos, a não se deixar sugar por suas histórias negativas. Desenvolver a sensibilidade necessária para reconhecer o "sabor" do sentimento do eu tirânico – a voz interior gritando pensamentos e apregoando-os como a palavra final em todas as questões – requer prática e tempo.

Com a prática, você pode criar certo distanciamento e incredulidade em relação a esses julgamentos interiores. Assim poderá aprender a sorrir e perguntar pacientemente: "Quem disse?".

· 44 ·

"Ando a 140 por hora"[34]

Um automóvel em alta velocidade é um perigo. Por isso, as pessoas precisam tirar carteira de motorista para dirigir e existem muitas leis, entre elas as de limite de velocidade, para governar o comportamento ao volante. A mente em alta velocidade também pode ser uma força perigosa – e, infelizmente, não há carteira a tirar nem leis para controlar seu comportamento. Muito já foi escrito sobre o assunto, em fontes budistas e outras partes, sobre o uso seguro e não prejudicial da mente.

Nenhuma pessoa sensata dirigiria um carro de corrida sem o treinamento adequado – mas o que podemos dizer sobre a mente acelerada? A prática da atenção plena é como a autoescola da mente. Ela nos ensina a lidar com os pensamentos; a vê-los como objetos, não como a realidade em si; e a encará-los como produtos da mente que podem ser falíveis, ingênuos e crédulos.

Podemos até estender um pouco mais essa metáfora veicular: o motor do carro superaquecido é a resposta do corpo ao estresse, e o estresse crônico é semelhante a um motor em alta velocidade o tempo todo. Não faz bem para o motor e pode desgastar o corpo também. Além disso, o hábito do estresse e os neurormônios e o estímulo fisiológico que o acompanham são como dirigir em alta velocidade. Mesmo que você conseguisse controlar o carro a 140 quilômetros por hora em trechos de uma autoestrada, nem o automóvel nem a sensação de movimento param assim que você tira o pé do acelerador – ele ainda desliza na pista até parar. A resposta fisiológica ao estresse não se dissipa instantaneamente quando a crise acaba ou quando cumprimos um prazo. Mesmo quando "desativamos" os nossos sistemas de resposta ao estresse ou tiramos o pé do acelerador, continuamos tendo que metabolizar todos esses neurormônios. E, no corpo, é isso que provoca a ansiedade.

Com a atenção plena, você pode tomar essa "sensação de velocidade" mental repleta de ansiedade como um objeto de meditação, sentando-se e observando o que ela provoca no corpo. E mais: ao fazer isso, é fundamental resistir à tentação de se envolver e criar histórias sobre essas sensações.

A adrenalina e outros hormônios demoram para ser metabolizados. De maneira análoga, quando você está ansioso por um motivo ou outro, saber o que está acontecendo no corpo e prestar atenção nas sensações em si (e não aos significados ou histórias por trás delas) ajuda a impedir que você agrave ainda mais a fisiologia do estresse, transformando-o em ansiedade e angústia.

· 45 ·
"Homem perde braço em trágico acidente de trabalho"

Vez ou outra surge nos jornais alguma história trágica de um acidente de trabalho. Um operário descuidado se aproxima demais de uma máquina e parte de sua roupa (normalmente a manga) fica presa na engrenagem. Primeiro a manga, depois o braço, depois carne e osso.

A mente pode funcionar mais ou menos assim. Ela se agarra a uma ideia ou situação – uma dificuldade ou limitação momentânea, uma observação indelicada de um colega ou amigo – e, antes que você perceba, seu ser inteiro foi puxado para dentro dela e está sendo esmagado. A mente tende a elaborar, amplificar e aumentar coisas pequenas por meio do perigoso "equipamento" da ruminação, do arrependimento e da preocupação.

A atenção plena pode ajudá-lo a desengatar sua atenção antes de as coisas ficarem feias. Com a continuidade da prática, ela pode ajudá-lo a não dar espaço para o equipamento sempre faminto da mente contadora de histórias. Ela também poderá auxiliá-lo a desenvolver precisão da mente e atenção vigilante – o equivalente aos "óculos de proteção" adequados e "procedimentos de segurança no local de trabalho" – que podem mantê-lo a salvo dos efeitos devastadores da máquina mental.

· 46 ·
Não entregue seu dinheiro do lanche

Algumas facções da mente podem agir como aqueles valentões da escola.

Imagine a seguinte cena: você está a caminho da escola, feliz da vida, quando, do nada, o valentão o encurrala e exige que você lhe dê o dinheiro do lanche. Intimidado, temendo pela sua integridade física, você entrega o dinheiro. Mas mal sabe que esse valentão na verdade é um menino assustado, e que, se o enfrentasse, ele recuaria.

Os valentões da mente também são assim: insubstanciais, não representam uma ameaça real e, quando desafiados, recuam. Entretanto, como os da "vida real", os da mente contam com a expectativa de que você vá recuar, que vá capitular sem resistir nem questionar.

A chegada do valentão é desagradável, sem dúvida. Pode vir acompanhada de intensa ansiedade. Ele pode dizer coisas terríveis. Pode ameaçar bater em você, até mesmo matá-lo. Não ceda. Pelo contrário, crie um espaço que possa ser ocupado por ele na sua mente.

Não se deixe aprisionar pelas histórias, imagens e sentimentos representados por tais pensamentos. Observe as suas sensações corporais sem prestar atenção nas histórias por trás delas (por exemplo: "Olha que interessante, está me dando um frio na barriga!"). Não transforme essas sensações em histórias. Mantenha-se o mais próximo que puder do corpo.

E, assim como ocorre com os valentões da época da escola, quanto mais você cede aos pensamentos que querem fazer bullying com você, mais eles se fortalecem, exatamente como a ansiedade o consome mais quando você cede às condições dela. Ela é reforçada quando você passa a evitar as coisas que teme, por exemplo. Mas, sem testar a verdade da ansiedade, você nunca descobrirá que não há perigo real. Da mesma maneira, se sempre ceder ao valentão que faz bullying com você e lhe der o dinheiro do lanche, você nunca vai descobrir o que acontecerá se não ceder. Você pode simplesmente descobrir que não há nada de substancial aqui – nada que represente uma ameaça real à sua integridade física ou psicológica.

Você também pode praticar a *compaixão* por esse valentão, que, para se sentir pleno, acha que precisa ameaçar e aterrorizar as pessoas; e pode praticar a compaixão por si mesmo até quando surgirem pensamentos que provoquem medo. Ao estender compaixão ao valentão, você na realidade está estendendo a compaixão a si mesmo. E talvez, ao contrário dos garotos da época da escola, os pensamentos aterrorizantes muitas vezes sejam uma tentativa equivocada de se proteger.

Mas tenha cuidado: resistir não significa combater violência com violência, mas sim desafiar, com paciência e equanimidade, a validade do bullying. Recebendo-o e aceitando-o, você elimina o conflito, a opressão e o autojulgamento que podem acompanhar as exigências dele.

Afinal, o valentão faz parte do eu.

E agora você pode fazer seu lanche em paz!

· 47 ·
Câimbra

Uma câimbra muscular pode ser uma experiência dolorosa e angustiante. Ela pode ser o resultado de uma hidratação inadequada e da falta de alongamento. Quem nunca sentiu câimbra? E câimbra psicológica? Assim como um músculo que pode estar despreparado para a carga que lhe é imposta, a mente também pode estar fora de forma e sofrer com isso.

A ocorrência de um pensamento inesperado ou esquisito pode provocar uma "câimbra" na mente. O surgimento do pensamento inicia uma cascata de outros eventos, que são reações ao pensamento que serviu de gatilho. Essas reações complicam, agravam e ampliam o acontecimento original. Acrescente-se a isso uma boa dose de autojulgamento, autocrítica excessiva e autodepreciação, e a mente acaba se retesando em uma dolorosa rigidez.

A prática da atenção plena é o equivalente a um alongamento, a exercícios leves para a mente, deixando-a flexível, responsiva; ela oferece "hidratação" abundante e prepara a mente para a atividade sem o risco das terríveis câimbras. A atenção plena também ajuda a combater e evitar o processo de amplificação.

Às vezes, as câimbras são inevitáveis. Mas, ao contrário das físicas, nossa resposta à sua versão mental é muito diferente.

Afinal, se você já teve bursite e sofreu câimbras frequentes em alguma parte do corpo, provavelmente não se considerou uma má pessoa por isso. Entretanto, se a sua *mente* sofre com câimbras por causa de algo que você fez ou disse, é bem provável que a sua autocrítica exacerbada entre em ação.

A atenção plena o ajuda a se julgar menos e a ser mais generoso com relação às próprias experiências.

· 48 ·
Trinta e um sabores emocionais

Assim como a rede americana Baskin-Robbins costumava anunciar 31 sabores de sorvete, a mente tem inúmeros "sabores" de sentimentos corporificados. Eles são um repositório de informações, conhecimento e sabedoria e refletem as nossas respostas ao mundo. Às vezes (mas nem sempre – e só se soubermos ouvir!), esses sentimentos nos oferecem informações importantes sobre o que precisamos saber e que direção devemos tomar. E mesmo assim, como já vimos, não representam verdades definitivas.

De qualquer forma, nosso sistema de sentimentos constitui um recurso vasto e essencial. Como diferenciar sentimentos com informações reais e úteis de sentimentos que não têm conteúdo útil? Os úteis se baseiam em informações diretas e precisas. Os menos úteis tendem a se basear em distorções ou pensamentos limitados que não são coerentes com os nossos verdadeiros desejos. Por exemplo, o autojulgamento negativo tem um "sabor" específico. Após adotar a prática da atenção plena, você vai se familiarizar com esse sabor e, assim, estará menos inclinado a acreditar nessa visão negativa. Assim passamos a reconhecê-lo mais prontamente, "Lá vem o autojulgamento", e seguir em frente.

A atenção plena pode ajudar você a acessar e conhecer melhor esse sistema de sentimentos sem estar compulsivamente ligado a ele. Pode ajudá-lo a se conectar com a sabedoria, o conhecimento e a informação que residem no corpo a cada momento. E, como vimos repetidas vezes, a prática da meditação em si se concentra basicamente nos sentimentos do corpo, e pode ser eficaz para conectá-lo com a sua intuição, tornando mais fácil descobrir o que você realmente deseja fazer.

· 49 ·
Queimando e queimando

Os sentimentos que acompanham a "loucura comum" – temores e preocupações, desejos ávidos e aversão condicionada, e até os do tipo "incomum", como a depressão – praticamente não se sustentam sem histórias sobre o passado ou o futuro. De fato, nosso relacionamento com o tempo desempenha um papel fundamental na grande maioria dos sofrimentos e angústias humanas, principalmente na ansiedade e na depressão.

O fogo não existe no vácuo porque ele precisa de oxigênio. Nessa metáfora, o momento presente é como uma câmara de vácuo; a ansiedade, como o fogo, precisa de oxigênio para se alastrar. No passado e no futuro, há uma grande quantidade de oxigênio, e a ansiedade prospera. E se nos mantivermos no momento presente? O que poderemos queimar? A ansiedade não se sustenta apenas com o presente.

Vejamos o arrependimento e a preocupação, os principais produtos do passado e do futuro. O arrependimento é rico em oxigênio. Você já se viu repetindo a mesma coisa várias vezes? Das primeiras vezes que faz isso, pode haver alguma informação importante a ser descoberta. Você pode pensar: "Aprendi alguma coisa com aquela situação e não vou cometer o mesmo erro de novo." Mas os pensamentos raramente são tão práticos assim. Quando você os rumina, a mente vai muito além do ponto em que os resultados deixam de ser úteis. Da mesma forma, a preocupação – o rebento do futuro – pode conter algumas informações importantes e valiosas que o ajudem a fazer planos. No entanto, depois da 17ª vez repassando alguma perspectiva do futuro, consultando repetidamente o relógio e ensaiando as mesmas cenas mentalmente, você começa a apenas desperdiçar energia sem necessidade, criando ainda mais angústia para si. A mente passa a se preocupar com um futuro mórbido, repleto de resultados sombrios e acontecimentos terríveis. A depressão prospera nessa atmosfera e pode recrutar o passado como evidência de que você é cheio de defeitos e não tem valor nenhum.

A prática da atenção plena ajuda a criar uma câmara de vácuo e a mantê-la hermeticamente fechada. A consciência do momento presente é essa câmara de vácuo, e trazer a atenção de volta ao presente repetidas vezes, exatamente como ele é, é a maneira de manter a câmara lacrada. Com a continuidade da prática, esse vácuo pode se tornar estável e acessível, prontamente disponível sempre que a mente se aventurar no território do arrependimento e da preocupação.

· 50 ·
Dando adeus à negação

Não estou aqui, isso não está acontecendo.[35]

A negação é um dos muitos mecanismos de defesa à nossa disposição, embora costume cobrar um preço muito alto. É verdade que, às vezes, precisamos deixar um fato ou crise de lado por um tempo para nos concentrarmos em uma tarefa difícil ou mais urgente, mas a negação total raramente é útil. E quando ela se torna um estilo de vida, uma resposta condicionada inflexível aos desafios, muitas vezes nos afundamos cada vez mais.

O paradoxo da atenção plena está no fato de nos estimular a nos *aproximarmos* de situações amedrontadoras ou difíceis, e não a nos afastarmos delas. Dessa maneira, pode ser um poderoso antídoto contra a negação como estilo de vida. O mindfulness é uma ferramenta que lhe permite voltar a si mesmo um olhar íntimo e receptivo, e realmente enxergar, em toda a sua dureza, a realidade da sua vida. Às vezes, isso pode ser esmagador. Quando começam a praticar a atenção plena, algumas pessoas sentem que sua ansiedade aumenta. (Quando dou cursos de redução do estresse baseada na atenção plena, costumo brincar que houve um erro no folheto e dou boas-vindas à primeira aula de "*Indução* do estresse". A brincadeira rende boas risadas.)

Mas mesmo que você tenha experiências que lhe pareçam intensas demais quando se sentar e começar a meditar, siga em frente. Se o fizer, logo se dará conta de que é você quem está no comando da sua vida – dê adeus à negação!

· 51 ·
"Um antiácido, por favor"

No livro *Um conto de Natal*, de Charles Dickens, quando Scrooge é confrontado pelo fantasma de Jacob Marley, seu ex-sócio, ele acredita que o fantasma não pode ser real. "Por que duvida de seus sentidos?",[36] pergunta Marley. Ao que Scrooge responde:

> Porque... qualquer coisinha os afeta. Uma ligeira indisposição do estômago pode enganá-los. Você pode ser a consequência de um pedaço de bife mal digerido, um grão de mostarda, um naco de queijo, ou um pedaço meio cru de batata.

Da mesma forma que o "pedaço de bife mal digerido" e o "grão de mostarda" de Scrooge, algumas experiências não são digeridas e ficam "atravessadas" na mente, onde podem trazer vários tipos de riscos – grandes e pequenos. Quando são traumáticas ou estressantes, essas experiências podem ser revividas e repetidas, voltando à tona como se você estivesse com indigestão. Às vezes é como se você estivesse com "refluxo ácido da mente" – revivendo dolorosamente a angústia original ou só um subproduto do "sistema digestivo mental" que não está funcionando muito bem. A prática da atenção plena pode ajudá-lo a metabolizar e digerir experiências passadas e a "neutralizar" a acidez de uma experiência dolorosa.

Para ter uma breve noção de como isso funciona, observe que, em termos gerais e simplificados, quando os pensamentos vêm à tona, você tem três opções: ignorar, se identificar ou se "desidentificar". Ignorar pode ser eficaz para reduzir a angústia momentânea, mas não ajuda a metabolizar nem a digerir um acontecimento traumático ou difícil do passado. Pode ser também uma maneira "cara" de lidar com a questão, porque esse tipo de comportamento evasivo quase sempre consome tempo e energia que poderiam ser investidos mais produtivamente em outras coisas. A segunda opção consiste em identificar-se totalmente com o passado traumático e com as histórias que a mente conta sobre esse passado. E, quando se identifica com as histórias, você recria a experiência como se o trauma estivesse acontecendo agora, neste momento.

Por exemplo, você sabe que a mente contadora de histórias está ativa se você estiver dizendo coisas como: "Veja como isso acabou com a minha vida e continua acabando; nunca mais vou voltar a ser quem eu era; eu me sinto inútil e danificado." Normalmente existe um componente de culpabilização – uma dupla vitimização – "Como fui deixar isso acontecer; o que há de errado comigo?" Quando a identificação ocorre, o trauma se renova e às vezes até se intensifica. O trauma é um fenômeno incrivelmente resiliente.

A terceira opção consiste em "desidentificar-se" com o pensamento, que significa reconhecer que ele é apenas um pensamento, sem se identificar inteiramente com ele – e é justo aí que a atenção plena se torna útil e terapêutica. Quando o material traumático vem à tona e se apresenta à mente, você o reconhece e se afasta, criando um distanciamento seguro a partir do qual pode observar o desenrolar da cena. Assim observa a cena sem elaborá-la ou embelezá-la. É útil recordar que o passado não está acontecendo no momento presente, sobretudo nos casos em que as lembranças são muito vívidas e ativam sintomas fisiológicos do sistema de resposta ao estresse.

Sempre que você acolhe o passado do lugar da desidentificação, parte dele é digerida e metabolizada – extraindo as partes que são "nutritivas" e valiosas e "excretando" ou processando o restante. À medida que o trauma vai sendo metabolizado, ficamos cada vez menos angustiados e identificados com o passado traumático ou estressante – e assim deixamos de ser controlados por ele. As lembranças não são erradicadas pela desidentificação, é claro, mas seu impacto emocional diminui – elas causam menos indigestão, as alucinações dolorosas diminuem. Podemos dizer que "fazemos amizade" com os pensamentos dolorosos. Isso melhora nosso relacionamento com eles. Além disso, a desidentificação também nos ajuda a superar a culpa que por vezes acompanha um passado problemático.

· 52 ·
"Atire primeiro, pergunte depois"

Nosso cérebro se desenvolveu para facilitar a sobrevivência dos nossos ancestrais humanos. Como já mencionei, todos nós temos um "cérebro herdado" – um cérebro adaptado ao mundo de 100 mil anos atrás que, infelizmente, não está particularmente otimizado para as demandas atuais. Para os nossos ancestrais a sobrevivência era fundamental, e uma das mais importantes funções do cérebro humano consistia em prever, detectar, reagir ou evitar perigos mortais. No passado, o cérebro que herdamos dos nossos ancestrais estava sempre alerta à ameaça, sempre pronto para ativar um conjunto de respostas – entre elas reações comportamentais como a de "luta ou fuga", que causa, por exemplo, o aumento da frequência cardíaca e estados emocionais como raiva ou medo. Esse conjunto de reações compõe o sistema de resposta ao estresse.

Ativar esse sistema diante de uma ameaça potencial, e não real, tem seus custos em termos do tempo e das calorias gastas. Entretanto, esses custos são muito menores do que os de ser atacado por um tigre – por isso fomos programados para pecar por excesso, tornando-nos estressados como forma de "proteção", quando, na realidade, não existe ameaça ou motivo genuínos. O sistema límbico do cérebro tem importância fundamental nesse sistema de resposta às ameaças. Trata-se de uma parte mais antiga do cérebro, conhecida também como cérebro "emocional". Compartilhamos essas estruturas com todos os mamíferos, e não existe nada de particularmente humano em sua estrutura ou função. (A parte "humana" entra em ação com os lobos frontais do córtex cerebral, envolvidos basicamente em funções executivas como planejamento e tomada de decisões. Os lobos frontais também são desproporcionalmente maiores nos seres humanos quando comparados a outros animais.)

Uma das estruturas presentes no sistema límbico é muito importante e deve ser conhecida: a amígdala. Em diversos aspectos, ela é responsável pelas nossas reações emocionais às ameaças e aos perigos (entre outras coisas). É responsável também pela ativação quase instantânea de respostas que potencialmente salvam vidas (no ambiente dos nossos ancestrais, lembre-se!), como o medo e a raiva. Se a reatividade da amígdala for excessiva, podem surgir problemas como síndrome do pânico ou acessos de fúria, nos quais nosso sistema corporal de resposta à ameaça é ativado por motivos insignificantes ou sem razão aparente. Por outro lado, o sistema límbico do cérebro herdado foi programado para "atirar primeiro". Só depois é que o córtex se apresenta para "fazer perguntas" sobre o que pode ou não ser perigoso nessa situação específica.

A prática da atenção plena pode ajudá-lo a "conversar" com o sistema límbico antes que ele assuma o controle do seu comportamento. Pode auxiliá-lo na hora de discernir e diferenciar as situações que representem ameaças reais dos alarmes falsos. A prática também pode ajudá-lo a ficar mais à vontade com os produtos neuroquímicos e neurormonais do sistema límbico e do sistema de resposta ao estresse. À medida que for se sentindo mais à vontade, você vai aprender a reconhecer a sensação que a adrenalina produz e como ela afeta o corpo, sem necessariamente "acreditar" na "história" de medo que essas substâncias químicas parecem contar. Você não será forçado a interpretar essas sensações corporais de um modo que complica ainda mais a situação.

Em suma, a prática da atenção plena pode lhe ensinar a "perguntar primeiro" e só "atirar" quando for absolutamente necessário – e, além disso, pode ajudá-lo a reduzir o número de situações nas quais sequer terá que tomar essa decisão.

· 53 ·
Quá quá

Você se lembra das versões animadas da tirinha *Snoopy e sua turma*, de Charles Schulz? As vozes dos adultos quase sempre eram representadas por um trombone com surdina, um tanto desafinado, que, aos meus ouvidos, parecia uma espécie de "conversa" entre patos ("*quá quáquá quaquá quaquá*").

Muitas vezes, vale a pena praticar "ouvir" produções verbais dessa forma – em especial o falatório que ocorre dentro da nossa cabeça. Elas raramente trazem informações úteis e em geral fazem muito barulho! De fato, arrisco-me a dizer que produções verbais de algum tipo são responsáveis por grande parte do seu sofrimento. Tenho certeza de que você já se viu ao telefone com alguém que não parava de falar dos próprios problemas, a ponto de você afastar o fone do ouvido e deixar a pessoa falando, enquanto fazia algo mais útil ou interessante. Se puder aprender a fazer isso com seus pensamentos – a ruminação mental, os pensamentos pouco produtivos e estridentes –, certamente irá se beneficiar. Pode ser muito útil substituir esses roteiros e histórias sofisticados e intermináveis por uma mera conversa entre patos: "Lá vem a minha mente de novo: *quá quaquaquá quá quaquá*." Se conseguir fazer isso, mesmo que só um pouco, você vai reduzir ou eliminar grande parte da angústia e do sofrimento.

A prática da atenção plena pode ajudá-lo a ver a mente sob essa perspectiva, a enxergar as produções da mente como algo que nem sempre é digno de atenção. Evidentemente, é preciso continuar sabendo distinguir os pensamentos que precisam de sua atenção daqueles que são mero lixo, pois às vezes as outras pessoas têm informações ou respostas importantes a nos oferecer – mas, de um modo geral, não há necessidade de se deixar envolver nas histórias e elaborações da mente.

Aproveite o quá quá!

· 54 ·
Ninho de vespas

Imagine que você está caminhando rumo a um destino importante. A estrada é estreita e, em dado momento, você entra em um túnel onde há um ninho de vespas. Você não tem outra escolha senão passar por ele, e isso pode perturbar as vespas e torná-lo um alvo da fúria delas. Mas esse é o único caminho, não há como evitar.

O ninho de vespas é uma metáfora que se aplica bem àquelas ocasiões em que ficamos presos em uma situação difícil e inevitável, um relacionamento problemático, por exemplo. Então muitas vezes tendemos a evitar encarar o que precisa ser confrontado por medo da dor que a picada das vespas causará. Assim, ficamos paralisados, presos, incapazes de ir aonde precisamos.

Vez ou outra, a prática da atenção plena vai aproximá-lo do ninho de vespas. As vespas podem, sim, atacar, e talvez você vivencie muitas questões que vem evitando ou das quais tenta se manter afastado. As coisas podem piorar antes de melhorar. É importante persistir na prática e enfrentar tudo que surgir na sua vida e na meditação com curiosidade e gentileza. Você acabará conseguindo passar pelo ninho de vespas e seguirá em frente com sua vida.

Depois que conseguir lidar com as questões que antes evitava, você vai se sentir livre, talvez até ocorra alguma mudança. Lembre-se, não há como sair de uma situação sem passar por ela. Para superarmos um problema, não adianta evitá-lo: é preciso mergulhar de cabeça.

· 55 ·
O dentista investidor

Como podemos distinguir pensamentos significativos de pensamentos aleatórios e improdutivos?

Nassim Taleb é um profissional do mercado financeiro e professor de matemática que escreve sobre os aspectos cognitivos da economia. Ele demonstra essa distinção com um exemplo do mundo dos investimentos. Para isso, criou a figura de um dentista aposentado que se torna um investidor de sucesso. Esse dentista tem a expectativa de ter 93% de probabilidade de ganhar dinheiro em um determinado ano. Ele planeja aproveitar seu tempo livre monitorando de perto o preço das ações nas quais investiu. Será essa uma estratégia sábia para ele? Partindo do pressuposto de que o monitoramento não vai mudar o resultado, a sabedoria dessa ação está em observar os tipos de sentimentos que ele vivencia ao verificar os investimentos que fez. Dados os parâmetros de seus investimentos e suas probabilidades, Taleb consegue calcular a probabilidade de o dentista ganhar ou perder dinheiro em determinados momentos da observação. Por exemplo, se ele checar os preços das ações a cada segundo (o que seria perfeitamente possível, dada a tecnologia disponível hoje), existe apenas uma probabilidade de 50,02% de que ele ganhe dinheiro naquele exato momento. Infelizmente, afirma Taleb, o dentista não tem uma constituição emocional muito robusta: "A cada perda, que aparece em vermelho na tela diante dele, ele sente uma pontada. Quando o desempenho das ações é positivo, ele sente certo prazer, mas não equivalente ao sofrimento que experimenta quando o desempenho é negativo."[37] Segundo sua análise, o dentista tem apenas 241 momentos agradáveis para cada 239 momentos desagradáveis por dia, e acaba emocionalmente exausto. No entanto, se houvesse uma mudança em sua estratégia de monitoramento e ele passasse a checar o desempenho das ações apenas uma vez por mês, haveria uma chance de 67% de que ele ganhasse dinheiro, e a razão pontada/prazer seria de 1:2 (em vez de 1:1 no caso da checagem contínua). Nesse exemplo hipotético, existe uma razão conhecida de ruído para indicações significativas de desempenho.

Da mesma maneira, às vezes é contraproducente ficar avaliando o tempo todo as condições gerais da própria vida. A mente contadora de histórias é facilmente enganada pela variação aleatória, deixando-se levar rapidamente por histórias sobre o "significado" de seus altos e baixos.

Sendo assim, o que fazer com a variabilidade? Você está sujeito a ela a qualquer dado momento – as condições do seu corpo (cansaço, fome, sono, dor, agitação, relaxamento, energia, etc.), as condições do ambiente ao seu redor (quente, frio, confortável, desconfortável, etc.) e de seus sentimentos (confiante, seguro, apreensivo, expansivo, introspectivo, etc.). Podemos usar a meditação para deixar o ruído se acalmar. E mais, podemos até fazer da *variação em si* o foco da meditação, simplesmente observando as vicissitudes do corpo e da mente sem interpretação, julgamentos e histórias.

· 56 ·
"Admita, você é viciado em pensar"

Ouvimos muito sobre o vício em álcool, cigarro, drogas, jogos, sexo e internet – mas, com exceção de algumas publicações budistas, quase não escutamos falar sobre o vício em *pensamento*. O pensamento acompanha praticamente todas as atividades que realizamos – tomar banho, lavar a louça, dirigir, caminhar, trabalhar, etc. Poucas são as ocasiões nas quais não estamos pensando. Tirando o pensamento intencional, usado para planejar, resolver problemas, analisar e usar a criatividade, a maior parte do nosso pensamento é automático e discursivo – um produto da nossa mente contadora de histórias. Pensar tanto tem pouca utilidade e, não raro, nos distrai de maneiras mais úteis de usar a nossa mente e tocar nossa vida. Mesmo assim, continuamos pensando. Trata-se, quase que literalmente, de uma espécie de vício.

É um vício tão presente e tão automático que provavelmente nem nos damos conta de que estamos pensando o tempo todo. Podemos não perceber que estamos viciados. E, além disso, passamos a achar que esse vício é uma *coisa boa*, supervalorizando-o e até mesmo apreciando-o. Quem iria querer se livrar de algo assim?

Uma das primeiras coisas que você descobre ao meditar é que a mente está sempre agitada. A simples instrução para prestar atenção na respiração revelará isso. Chögyam Trungpa Rinpoche, instrutor de meditação, falou sobre "a grande coleção de coisas que está em nossa mente".[38] É com isso que precisamos nos confrontar quando tentamos meditar. Muitas vezes, nos pegamos pensando para tentar resolver um problema causado pelo próprio pensamento. Pensamento gera pensamento.

Às vezes, porém, o segredo está não em conversar consigo mesmo, mas em ficar em absoluto silêncio e observar o que acontece.

· 57 ·
"Ninguém me contou que a guerra acabou"

Em "A emissária", um dos episódios de *Jornada nas estrelas: A nova geração*, a nave Enterprise encontra uma antiga nave Klingon, T'Ong, cuja tripulação está adormecida em estase há um século. Na série original, a Federação e os Klingons estavam em guerra. Em *A nova geração*, os dois são aliados. Infelizmente, a tripulação de Klingons em estase não sabe disso e é provável que não acredite que as coisas mudaram. Eles estão prestes a despertar, e a tripulação precisa decidir o que fazer. Aparentemente, esse episódio se baseia na experiência de um soldado japonês, o tenente Hiroo Onoda, e outros que lutaram na Segunda Guerra Mundial. Durante a guerra, Onoda se escondeu em Lubang, uma ilha remota das Filipinas. Quando o encontraram, em 1972, ele não sabia que a guerra já havia terminado.

Alguns dos nossos mecanismos de defesa podem funcionar dessa maneira anacrônica. O eu tirânico ou valentão já deve ter tido uma função protetora importante em algum momento anterior na vida e agora, mesmo que as circunstâncias sejam outras, continua acreditando que "a guerra não acabou". Por exemplo, uma pessoa pode ter desenvolvido importantes mecanismos de defesa para lidar com um pai ou uma mãe críticos, inconvenientes e abusivos. Mais tarde, esses antigos mecanismos de autoproteção podem entrar em ação com outras pessoas que em nada se assemelham às anteriores, muitas vezes com consequências ruins.

O eu tirânico é aquela parte de nós que internaliza a voz crítica, negativa e julgadora de alguém, como o pai ou a mãe, e se apropria dela como parte de si. Essas vozes duras e autopunitivas são incorporadas à constituição do eu e muitas vezes as utilizamos para nos castigar por não alcançar a perfeição. Em dado momento, esse talvez tenha sido um comportamento adaptativo: quando internalizamos a crítica, por exemplo, temos pelo menos uma sensação de controle, e nos punindo podemos ter uma sensação de segurança, por não atrairmos muita atenção para o eu.

A prática da atenção plena pode nos ajudar a ver todos esses "guerreiros antigos" – nossas velhas defesas que continuam travando uma guerra que há muito chegou ao fim –, desviando a atenção de histórias destrutivas e limitadoras e focando-a no rico repositório de sentimentos no corpo.

A atenção plena negocia um fim para o conflito.

· 58 ·
Tomando conta de criança

Como você já é adulto, provavelmente deve pensar que sua mente também é adulta e pode funcionar sozinha, sem supervisão. Claro que gostaríamos de acreditar que a nossa mente é madura, sofisticada até, mas muitas vezes ela pode precisar de "alguém para tomar conta" dela e evitar que se meta em confusão.

Uma intervenção terapêutica chamada MBCT (sigla em inglês para Terapia Cognitiva Baseada na Atenção Plena)[39] ajuda na prevenção de recaídas e de futuros episódios depressivos em pacientes que já apresentaram esses sintomas. Para isso, os participantes usam a atenção plena para monitorar os próprios pensamentos e sentimentos. Eles aprendem a conexão entre pensamentos tristes e pensamentos associados à depressão. Como esses pensamentos distorcidos podem catalisar episódios de depressão, para eles é fundamental observar o que está acontecendo na mente o tempo todo. A tristeza faz parte da vida, todos a sentimos. No entanto, para uma pessoa que já passou pela depressão, a tristeza pode ser o gatilho para outro episódio de depressão. Quando esse sentimento vem à tona, a atenção plena atua como uma "babá" do cérebro, lembrando ao indivíduo que a tristeza pode ser um sentimento normal e que os pensamentos que surgem associados a ela são apenas pensamentos, não fatos. É possível evitar a depressão sentindo o que está acontecendo no corpo no momento presente e não acreditando nesses pensamentos.

Tudo isso de graça.

· 59 ·
"Quem não arrisca não petisca!"

No que diz respeito a certos aspectos da vida, você age como se todos os dias fossem iguais? Fica entediado ou se sente preso a uma rotina?

Ainda que pareçam permanecer iguais, as coisas mudam constantemente – até mesmo no dia a dia, podemos aprender a encontrar riqueza e vivacidade na vida que se desenrola à nossa frente. Por uma questão de eficiência, tendemos a categorizar tudo, o que é ótimo quando você precisa fugir de tigres na savana, mas não tão adequado para as complexidades da vida atual.

Todos os sentidos estão voltados para experiências novas. Quando algo é uma percepção constante, esse algo sai do foco da atenção para que possamos dedicar os nossos recursos a detectar coisas novas. Num contexto de adaptação e sobrevivência, as novas informações costumam ser mais importantes. Esse processo se chama habituação e constitui uma função importante da sensibilidade e da percepção.[40]

A atenção plena pode ajudá-lo a reconhecer a riqueza e a variação presentes na mesmice das coisas. Quando você praticar e prestar bastante atenção, verá que cada respiração é um pouco diferente. Se for capaz de reconhecer a variação da respiração, as coisas mais comuns da vida poderão se tornar uma fonte de grande satisfação.

Você não precisa se atirar em aventuras extraordinárias ou viajar para lugares exóticos para se sentir vivo. Pode fazer isso exatamente onde está. Na verdade, a prática da atenção plena pode ser uma solução permanente para o tédio.

· 60 ·
Duas flechas

O Buda ensinou a metáfora das duas flechas: a primeira representa tudo que é inevitável na vida – a dor, a perda, a doença e a certeza da morte. É impossível evitar essa flecha que com toda a certeza atingirá seu alvo: todos os seres vivos. A segunda flecha, porém, é aquela que lançamos em nossa própria direção, causando uma ferida autoimposta. Não raro, essa ferida é mais profunda do que a primeira e vem das complicadas histórias contadas pela mente, de todas as formas como ela aumenta ainda mais a angústia por meio de sua relação com o que está acontecendo.

Pare e pense: quanto da situação que você está vivendo advém da situação em si e quanto vem das histórias em torno dela? Quando criamos uma ferida autoinfligida com a segunda flecha, normalmente estamos em um estado de negação; resistimos à realidade, sem aceitá-la como ela é. Às vezes também levamos os infortúnios da vida para o lado pessoal, intensificando ainda mais o sofrimento.

A dor é a primeira flecha; o sofrimento é a segunda.

A atenção plena nos oferece a capacidade de evitar a "segunda flecha" da resistência e do julgamento que nós mesmos criamos e, ao mesmo tempo, cuidar das inevitáveis feridas da impermanência.

· 61 ·
"Tão emocionante quanto ver a grama crescer"

Todo dia pela manhã constato que a grama do meu jardim cresceu. Mas, se eu me sentar e ficar observando, parece que nada está acontecendo. Da mesma maneira, se estivermos constantemente avaliando as condições gerais da nossa vida ou nosso progresso em relação a alguma meta importante, vai parecer que nada muda. No entanto, se fizermos a mesma avaliação com menos frequência ou menos intensidade, poderemos reconhecer nosso progresso. É preciso ter paciência e perseverança. A mudança pode ser lenta como o crescimento da grama.

Ser impaciente é especialmente complicado quando estamos lidando com um problema grave ou crônico. Se pudermos supor que, com a prática da atenção plena, haverá algum tipo de melhora para lidar com essa condição ao longo do tempo, mesmo que lentamente, é uma boa estratégia passar menos tempo questionando: "Como anda a minha vida?", "Estou me sentindo melhor agora do que me senti um minuto atrás ou estou me sentindo pior?", "E neste exato momento?". Quando fazemos isso com menos frequência, ficamos livres para resolver os problemas práticos do presente e trabalhar em direção a metas mais factíveis, cuidando do que realmente importa. Isso ajuda a evitar o desânimo e o desespero que podem surgir quando insistimos que a vida precisa mudar imediatamente.

A prática da atenção plena nos ensina a ter essa paciência e perseverança. Quando a inquietude vem à tona, nós nos esforçamos para continuar sentados, praticando. Trazemos nossa atenção de volta do futuro e deixamos de lado os julgamentos sobre o andamento das coisas. O foco passa a ser o presente. E, no entanto, se pudéssemos passar por todos esses momentos presentes como fotografias em *time-lapse*, poderíamos ver a mudança se desenrolar bem diante dos nossos olhos.

· 62 ·
Botão de pausa

Muitos aparelhos eletrônicos têm um botão de pausa, mas, infelizmente, a mente não vem equipada com um.

Imagine como seria útil ter um botão assim: quando a mente começasse a entrar no modo de reatividade agressiva, quando a vida nos surpreendesse com notícias devastadoras, quando pensamentos opressivos de ansiedade e medo assolassem nossa mente – já imaginou se pudéssemos simplesmente apertar o botão de pausa antes de reagir? Eis a boa nova: a prática da atenção plena lhe proporciona justamente isso. Na verdade, é exatamente o que é a atenção plena: uma pausa.

Precisamos apenas de um milésimo de segundo para interromper o padrão de reação automática. Nesse breve intervalo, podemos reconhecer a possibilidade de escolha. Aprender as pistas que o corpo nos dá avisando que precisamos de uma pausa – a sensação de que o "sangue começou a ferver" provocada pelo aumento do fluxo sanguíneo que precede a raiva, o frio na barriga, a tensão na cabeça, etc. Muitas vezes, dispomos de uma maneira característica de registrar as sensações do corpo, e elas costumam ser mais fáceis de reconhecer do que padrões de pensamento – embora determinados padrões de pensamento também possam nos dar dicas. No entanto, o corpo sempre nos oferecerá uma grande quantidade de informações. Aprendendo a entender a mensagem, você pode ter uma chance de reagir intencionalmente.

Basta apertar o botão de pausa.

· 63 ·
Não durma ao volante

Nas margens das pistas das rodovias costuma haver bandas sonoras – aquelas faixas pintadas no chão que fazem barulho quando o carro passa em cima. Elas servem como advertência, indicando que o carro saiu da faixa de rolagem.

Será que alguma coisa poderia servir como uma banda sonora capaz de despertá-lo das histórias que a mente conta? Sem a atenção plena, só nos damos conta de que cochilamos quando é tarde demais: já falamos ou fizemos o que não queríamos – já cruzamos a pista e estamos dirigindo na direção contrária. Porém, com a prática, o próprio corpo pode atuar como uma banda sonora.

Há sempre alguma coisa acontecendo no corpo antes de reagirmos com palavras ou com o nosso comportamento. Há sinais de advertência a serem percebidos e respeitados, basta direcionar nossa atenção a eles. Em circunstâncias ideais, seria possível observar esses sentimentos assim que eles começassem a se desenvolver. Mas, na realidade, é útil observá-los a qualquer momento. Evidentemente, é melhor constatar a reação enquanto ela ainda é administrável, antes que se torne uma reação emocional incontrolável. E isso exige prática.

Assim, da próxima vez que você sentir o TUM-TUM-TUM--TUM da banda sonora do seu corpo, permita-se despertar e voltar diretamente ao presente.

METÁFORAS DA ACEITAÇÃO, DA RESISTÊNCIA E DO ESPAÇO

É fundamental para a prática da atenção plena aceitar a realidade como ela é – e, evidentemente, quando não há aceitação, há resistência. Como sugeriu o Buda, às vezes vale a pena pensar em aceitação e resistência nos termos de uma "visita": podemos receber pensamentos dolorosos ou experiências difíceis e oferecer um cafezinho ou uma água a eles, como um bom anfitrião. Em outros momentos, pode ser útil pensar em "criar espaço" em torno da experiência que precisa ser aceita. Esse espaço pode nos dar a oportunidade de parar e fazer escolhas melhores, melhorar nosso relacionamento com a mente e ter um distanciamento em relação ao que está acontecendo, em vez de simplesmente ser sugado para o centro do caos.

"A resistência é inútil", afirmam os Borg, notórios bandidos cibernéticos retratados em diversos episódios de *Jornada nas estrelas*. No que diz respeito às inevitáveis realidades da vida, os Borg têm razão. Não queremos com isso defender a passividade ou a resignação. Por mais clichê que tenha se tornado, a "Prece da Sabedoria", de Rienhold Niebhur, nos estimula a ter força para aceitar com serenidade aquilo que não podemos mudar, coragem para mudar o que podemos e sabedoria para discernir uma coisa da outra.

Apesar de qualquer progresso que consiga fazer para lidar com as situações na vida, seja com psicoterapia ou prática de meditação, você sempre continuará "recebendo visitas" de pensamentos esquisitos e difíceis, imagens aleatórias, julgamentos cruéis e emoções inesperadas. E sentimentos e pensamentos de resistência inevitavelmente continuarão surgindo de tempos em tempos. A frequência e a intensidade desses pensamentos podem mudar com o passar do tempo; esse é um sinal do "progresso" tanto na terapia quanto na prática da atenção plena. E lembre-se: o fato de esses pensamentos continuarem nos visitando não deve ser interpretado como sinal de retrocesso ou de fracasso.

Afinal, é assim que a mente funciona.

· 64 ·
Galinhas selvagens

O professor de meditação Larry Rosenberg nos conta que, depois de muitos anos estudando como monge zen na Coreia e no Japão, foi à Tailândia estudar a tradição das florestas do budismo theravada. Ele tinha várias expectativas sobre como seria a viagem.

Ao chegar, foi acomodado em uma pequena cabana na floresta; um assistente lhe levava as refeições a intervalos regulares. Era a situação ideal para aprofundar seus estudos de meditação – a não ser pelo fato de a mata estar repleta de galinhas selvagens que não paravam de correr de um lado para outro, cacarejando o dia todo. Chateado e desanimado, ele foi confrontado com as histórias contadas pela própria mente: "Como vou conseguir meditar com esse barulho? Essas galinhas estão estragando minha experiência!"

Curiosamente, um dos meus vizinhos tem uma criação de galinhas-d'angola. Não são propriamente "galinhas selvagens", mas vivem correndo de um lado para outro, em uma cacofonia belicosa toda vez que eu e meu cão, um leão-da--rodésia de 50 quilos, passamos em nossas caminhadas. Fico feliz em ter minhas próprias galinhas selvagens!

Sempre temos uma escolha. Se a realidade da situação vier acompanhada de galinhas selvagens ruidosas, temos a opção de resistir ou aceitar. De nos aborrecermos e nos indignarmos ou ficarmos em paz.

É provável que, sempre que você medita, tenha que enfrentar muitas galinhas selvagens, entre elas a impaciência, a inquietude, o tédio e a frustração. Se conseguir deixar de lado suas ideias de como a meditação (ou sua vida como um todo!) *deveria ser*, você vai se aproximar mais da aceitação.

E, quem sabe, possa até vir a apreciar a companhia das galinhas!

· 65 ·
Mosca teimosa

Imagine uma mosca zumbindo à sua volta enquanto você está meditando. Como um ser dotado de compaixão que não quer machucá-la, você permite que ela continue voando por ali ou a afasta delicadamente com a mão. Mas a mosca é insistente e continua rodeando a ponta do seu nariz, zumbindo na sua orelha ou pousando no seu rosto. O que fazer?

Uma opção seria permanecer sentado aborrecido ou continuar espantando a mosca. Outra opção seria expandir o conceito do seu eu naquele momento de forma a *incluir* a experiência da mosca. Afinal, a mosca o aborrece porque há alguma regra ou crença arraigada dentro de você que diz: "Essa mosca não deveria estar aqui; está atrapalhando a minha meditação. Não deveria haver mosca nenhuma aqui." Se sua crença pudesse ser revisada de modo a incluir a mosca, a oposição deixaria de existir, o problema desapareceria. A revisão elimina a resistência.

Agora, substitua a mosca por pensamentos perturbadores, inquietantes ou grotescos. A mera presença desses pensamentos pode ser angustiante. E essa angústia é causada pelas regras internalizadas: "Uma pessoa normal não tem esses pensamentos. O que há de errado comigo? Isso é horrível! Estou condenado!" A regra/pensamento/expectativa internalizada cria resistência e aumenta o sofrimento que acompanha a realidade perturbadora no momento presente.

Se puder ver esses pensamentos e reações como uma mosca teimosa, você pode tomar decisões intencionais e decidir como deseja lidar com sua presença – inclusive escolher simplesmente reconhecê-la e aceitá-la com toda a paciência.

· 66 ·
Erva daninha

É provável que você prefira flores a ervas daninhas. Essa pode ser uma abordagem necessária na jardinagem, mas muito irritante na hora de lidar com os pensamentos. Alguns deles são como ervas daninhas: desajeitados, feios e se proliferam sem parar – além disso, podem sufocar outras experiências que nos são mais agradáveis.

Ao falar sobre isso, Shunryu Suzuki afirmou: "Seja grato pelas ervas daninhas da sua mente, pois elas acabarão enriquecendo a sua prática." Quando se trata do jardim da mente, talvez seja melhor não se esforçar para extirpar as ervas daninhas. Elas podem ser úteis para lhe mostrar as partes da sua experiência, e de si, que você relegou ao segundo plano.[41] Assim, elas se tornam uma espécie de fertilizante. E mais, você pode até começar a ver que elas possuem um tipo de beleza exatamente pelo que são e que as ervas daninhas são tão importantes quanto as flores.

A atenção plena o ajudará a ficar mais à vontade com as ervas daninhas e a se empenhar menos a se livrar delas. Afinal, tanto as ervas daninhas quanto as flores são produtos da mente. A prática cultiva o hábito de observar pensamentos como acontecimentos mentais, sem a pressão de ter que fazer algo especial em relação a eles, sem a intenção de categorizá-los (ervas daninhas são *ruins*, flores são *boas*).

Continue apenas observando o que lhe vier à mente, tanto as ervas daninhas quanto as flores, e trazendo sua atenção de volta ao presente.

· 67 ·
"Não está gostando do tempo?"

Na região da Nova Inglaterra, nos Estados Unidos, costuma-se dizer que, se você não estiver gostando do tempo, basta aguardar uns cinco minutos que com certeza ele vai mudar. Essa variabilidade climática é uma boa metáfora para a variabilidade do nosso humor. Alguns dias são encobertos e cinzentos, outros são claros e ensolarados; até certo ponto, a variação de humor é normal. Às vezes estamos alegres, às vezes tristes.

E nós, que tanto reclamamos do tempo, reclamamos também do nosso humor. Seria bom encontrar algum distanciamento e observar suas variações de humor pelas lentes da atenção plena – você vai ver que, assim como o tempo, o humor também muda. Se analisarmos mais de perto, veremos que até o mau humor está em constante mudança. De fato, um dos insights fundamentais do budismo é que tudo está em constante movimento.

Se tentar tratar as coisas como se elas fossem imutáveis (ou como se estivessem sob seu controle), você vai sofrer. Se exigir que o tempo esteja de uma determinada maneira, só posso lhe desejar boa sorte! Às vezes, a sorte dá uma mãozinha e o tempo coopera, mas em geral não é o que acontece. Desejar que seu humor, seu sono ou qualquer outra coisa seja de uma determinada maneira é receita certa para o sofrimento e a insatisfação.

Quer sejam condições climáticas adversas, quer seja o mau humor, será que você é capaz de aceitar e redefinir quem é, de modo a incluir o que está acontecendo naquele momento? Se conseguir, estará colocando a atenção plena em ação – aceitando a realidade sem resignação.

· 68 ·
"Esta folha de papel é meu universo"

Pegue um bloco de papel e coloque-o bem perto dos seus olhos. Essa folha de papel fica tão grande em seu campo visual que se torna seu universo naquele momento. Você não consegue enxergar mais nada. O papel em si não mudou, é claro, o que mudou foi a sua perspectiva.

Os acontecimentos da vida são como essa folha de papel. Refiro-me tanto aos interiores, como pensamentos e sentimentos, quanto aos exteriores, como as circunstâncias. Em todos os casos, a angústia e o sofrimento resultam da falta de distanciamento em relação a esses eventos – e aos pensamentos e percepções que os acompanham.

A prática da atenção plena é como afastar a folha de papel do rosto, mantendo-a à sua frente, na distância de um braço esticado. Nada mudou; apenas a sua relação com o evento. É importante entender que esse movimento não envolve negação ou resistência – você não está escondendo o papel nem tentando se defender dele; o papel continua ali e o que estiver escrito nele também. Entretanto, essa ação cria certo distanciamento, e o que antes o consumia agora se encontra em uma "perspectiva melhor".

· 69 ·
"Largue as armas e se entregue!"

A ideia de se entregar nem sempre tem conotações positivas, mas a entrega pode ser uma rica e profunda forma de aceitação.

A prática da meditação de atenção plena é uma forma de entrega ao que está acontecendo no momento presente. É entregar-se ao agora sem lhe impor condições. Quando prestamos atenção no nosso corpo da maneira como fazemos durante a meditação, estamos praticando a entrega. Com isso, a resistência diminui e a aceitação aumenta. Cada breve momento de entrega à respiração e ao corpo, como perceber a sensação da própria respiração no momento presente, pode ajudar a trazer a aceitação ou uma "profunda entrega" nos momentos mais importantes da vida – em especial aqueles que não desejamos, como em caso de doenças, perdas ou obstáculos.

Assim, praticamos a entrega nos "pequenos" momentos da vida para nos prepararmos para os "grandes".

· 70 ·
"Isso é repugnante! Me dê mais um pouco, por favor..."

O mestre zen Shunryu Suzuki escreve: "Na mente do principiante existem muitas possibilidades; na do especialista, existem poucas."[42] A mente do especialista está presa a conceitos sobre o mundo, a julgamentos e categorias, e pode ser rígida e inflexível. Em certos casos, esses conceitos são bem arbitrários e limitadores.

Há um exemplo maravilhoso da mente de principiante no androide Data, no filme *Jornada nas estrelas: Generations*. Data é um ser desprovido de emoções até que instala um chip que lhe confere a capacidade de senti-las – e nós, espectadores, temos a oportunidade de observar sua primeira experiência emocional.[43] Numa das cenas, Data chega à sala de estar da nave, onde prontamente lhe oferecem uma bebida:

> Guinan: "Senhores, alguma novidade da Frocus 3?"
> [*Data bebe a substância e faz uma careta de quem provou e não gostou*]
> Giordi: "Algum problema?"
> Data: "Acredito que essa bebida tenha provocado uma resposta emocional."
> Giordi: "Sério!? O que está sentindo?"
> Data: "Não sei ao certo. Como tenho pouquíssima experiência com emoções, não consigo explicar a sensação."
> Guinan: "Emoção?"
> Giordi: "Depois eu explico."
> [*Data bebe mais um gole*]
> Data: "Eca!"
> Guinan: "Parece que ele detestou."
> Data: [*sorrindo o olhando fixamente para o copo*]
> "Sim, é isso! Detesto essa bebida. Isso mesmo! É... repugnante!"
> Guinan: "Aceita mais um pouco?"
> Data: "Por favor."

Data vivencia sua experiência sem julgamento, e o resultado é a abertura à experiência e a capacidade de provar algo "negativo" sem sentir angústia. Ele mostra que aversão não precisa ser sinônimo de intolerância.

A prática da atenção plena ajuda a cultivar a mente de principiante, considerando que cada momento da vida é igualmente único e pode ser abordado com interesse, curiosidade e fascínio.

· 71 ·
Se quiser controlar seu rebanho, deixe-o solto num campo vasto

Temos a tendência de querer nos livrar de tudo que é difícil. Podemos desejar banir da nossa consciência tudo o que é desagradável e nos cercar para viver o tempo todo na pequena parte da experiência que nos agrada. Mas quando fazemos isso, observamos que há aspectos da nossa vida que vivem pulando essa cerca para causar grandes estragos. Por mais que tentemos, é impossível controlar certos animais da mente.

Porém, como bem sabem os pastores, a melhor maneira de controlar o rebanho consiste em lhes oferecer um campo bem vasto onde possam pastar à vontade.[44] Aqui está, novamente, uma metáfora da aceitação. Não precisamos instalar uma cerca e restringir o campo para controlar as ovelhas – e essa é uma excelente notícia, pois isso exigiria enorme esforço, energia e monitoramento. Ao contrário, se lhes oferecermos espaço para pastar, provavelmente não os encontraremos com muita frequência. Permitimos que sejam o que são e direcionamos nossa atenção para outras coisas.

A prática da atenção plena nos ajuda a criar esse campo vasto – e essa é outra forma de encararmos a mente grande. Criando um espaço onde caiba tudo que surgir no momento, nós nos aproximamos da aceitação.

· 72 ·
Apoiar-se nas pontas afiadas

No livro *Os lugares que nos assustam*, a professora de meditação Pema Chödrön fala em "apoiar-se" nas pontas afiadas da vida. Isso parece não fazer sentido – afinal, o normal não seria querermos nos afastar dos objetos pontiagudos?

E mais, quando a vida nos apresenta seus objetos pontiagudos, temos escolha. Você com certeza não vai querer se atirar sobre as pontas afiadas com força suficiente para se autoempalar. Comece apoiando-se só um pouco, apenas o que conseguir. Com a prática, você vai poder se apoiar um pouco mais. Sem evitar tanto da vida, a vida é mais vivida.

Normalmente, os cursos de redução do estresse baseada na atenção plena não começam com técnicas de relaxamento. Por quê? Não faria sentido ajudar a aliviar imediatamente o estresse dos participantes? Esta poderia parecer uma maneira sensata de abordar as coisas, mas só apresento o relaxamento na sexta semana do curso de oito semanas. Na minha opinião, é melhor primeiro aprender a técnica para lidar com as coisas como elas são, não uma técnica que parece ser um modo de "mudar" as coisas. Há situações em que as coisas não podem ser mudadas, e a aceitação – não o relaxamento ou a mudança – é a única opção. Assim, estimulo as pessoas a se apoiarem nas pontas afiadas da vida ao mesmo tempo que lhes ofereço uma ferramenta que os ajude a fazê-lo.

• 73 •

A princesa e o sapato

Há muito se conta a história de uma princesa que ordenou que o mundo fosse coberto de couro para que ela pudesse caminhar sobre a terra sem sujar nem machucar os pés. Mas um sábio conselheiro lhe sugeriu que ela cobrisse *os próprios pés* de couro – e, assim, o sapato foi inventado.[45]

A prática da atenção plena é como a sola do sapato. Ela proporciona uma proteção durável contra a superfície dura e perigosa da terra, mas não espera que o mundo se curve às necessidades do eu.

Quanto mais você praticar, mais espessa e resistente vai se tornar a sola do seu sapato. Quanto mais a atenção plena for incorporada aos momentos do seu dia a dia, mais protegido você estará contra as vicissitudes da vida.

• 74 •

O chão varrido nunca fica limpo

Quando varre o quintal na época em que as folhas das árvores estão caindo, você não espera que ele continue limpo por muito tempo. O quintal é como a mente. A meditação de atenção plena é como varrer a mente, eliminando todos os pensamentos espalhados que fazem a maior bagunça.

É fácil se ver preso ao ressentimento em relação às folhas caídas: "Ah, não, de novo? Acabei de varrer o quintal!" Apesar dos nossos protestos, a natureza tem uma ideia diferente. O mundo não liga se acabamos de varrer o quintal ou quanto tempo levamos fazendo isso. Da mesma forma, a mente tem seu próprio jeito e não se importa com os seus planos. Ela continua fazendo o que faz: gerando pensamentos. Esperar que a mente permaneça "varrida e limpa" é o caminho certo para a decepção.

A meditação não vai "consertá-lo"; não vai mudar as coisas de uma vez por todas. Nada pode fazer isso. Sua função é continuar varrendo. Os pensamentos vão surgir e sujar o quintal que você acabou de varrer. Continue varrendo. Não faça perguntas. Não reclame. Continue varrendo. Você não precisa analisar, interpretar ou "consertar" as folhas que caíram ao chão; de tempos em tempos, precisa apenas varrer, voltando ao momento presente da maneira que ele é, uma vez mais, e mais uma, e mais uma.

Com a continuidade da prática, você pode começar a reconhecer a sabedoria de não reagir, ou, se as reações surgirem (como às vezes acontece), de não as ampliar nem alimentar.

Você pode aprender a desfrutar do ir e vir das folhas – e até mesmo da necessidade de continuar sempre varrendo!

· 75 ·
Pequenos tiranos

Já tivemos a oportunidade de conhecer o pequeno tirano na forma do eu tirânico, mas em *O fogo interior*, o xamã Dom Juan apresenta a Carlos Castañeda mais um aspecto crucial dos pequenos tiranos. Um pequeno tirano é "um atormentador... alguém que tem poder de vida ou morte sobre os guerreiros ou simplesmente os irrita para distraí-los". Eles são importantes porque ajudam os "guerreiros" a superar a vaidade.

Dom Juan adverte, "a vaidade é nosso maior inimigo", pois ficamos mais fracos quando nos sentimos ofendidos pelo que os outros fizeram ou deixaram de fazer.

Há uma história sobre o guru espiritual Gurdjieff que exemplifica a metáfora do pequeno tirano.[46] No ashram de Gurdjieff, um homem cuja função era servir chá não tinha o humor dos mais agradáveis. Era ríspido e grosseiro com todos, antipático de um modo geral. Havia reclamações constantes sobre ele, que a toda hora era repreendido pelos alunos. Ele fazia hora extra como pequeno tirano. No entanto, acabou se cansando das reprimendas e deixando o ashram.

Ao ficar sabendo, Gurdjieff foi atrás dele e o convenceu a voltar. Por que o guru faria isso? Por que tentaria intencionalmente tornar as coisas mais desagradáveis para seus alunos? Um pequeno tirano desse tipo é uma dádiva. O servo era um excelente professor assistente: sempre que interagia com os alunos, ele provocava a vaidade deles. Sempre que deixava os alunos aborrecidos e frustrados e suscitava alguma reação emocional, estava na verdade prestando a eles um valioso serviço. Estava mostrando onde estavam presos, apegados às próprias reações, levando-se demasiadamente a sério.

Talvez você acredite que tem um relacionamento antagônico com os pequenos tiranos da sua vida. Talvez preferisse não ter que lidar com eles. No entanto, se puder mudar sua atitude e acolher a chegada deles, isso pode ajudá-lo a transformar a resistência que sente em relação a eles. Se puder dizer: "Obrigado por me mostrar onde está minha vaidade; obrigado por ser um pequeno tirano; agora posso aprender algo importante a meu respeito", estará no caminho da liberação. Esse é um dos maiores benefícios da prática da atenção plena. Quando consegue agir com uma gentil curiosidade em relação a tudo que vem à tona, você passa a se interessar pelo que está acontecendo. Livre-se da angústia e da adversidade. Encare tudo como uma oportunidade de aprendizado e crescimento.

· 76 ·
Aprendendo a cair

Lembre-se da última vez que você viu um bebê dando os primeiros passos. Lembre-se da alegria, do fascínio e da persistência da criança ao tentar dominar a capacidade de andar. Em geral, há certo deleite em cair e um desejo irresistível de se levantar e começar tudo de novo. Isso, quase literalmente, é a materialização da mente de principiante. Como podemos levar esse frescor à versão adulta das nossas quedas – quando fracassamos, cometemos erros e somos menos que perfeitos?

Há um antigo ditado zen que diz: "Caia sete vezes, levante-se oito." Com a prática da atenção plena, aprendemos a dar a volta por cima e a dar uma grande bronca em nós mesmos, sem a mente de privação fazer um drama, sem nos punirmos por ter caído. Observe o que acontece da próxima vez que você cair – da próxima vez que não estiver à altura das expectativas, suas e dos outros. Será que vai conseguir demonstrar compaixão por você mesmo como demonstraria caso a pessoa caminhando a seu lado caísse? Será capaz de se levantar, sacudir a poeira e continuar caminhando? Conseguirá dispensar a si o mesmo tratamento que dispensaria a uma criancinha aprendendo a dar os primeiros passos?

O processo de aprender a dar a volta por cima é o que você faz quando pratica a atenção plena. Você cai quando fica preso a pensamentos e histórias – e quando reconhece isso, se levanta e começa a caminhar de novo. Esse recomeço não envolve nenhum tipo de autopunição por ter caído, tampouco por ter se distraído.

Tente sentir o mesmo entusiasmo de uma criança pequena. Dê risada ao cair. Levante-se com determinação, pronto para cair de novo. Não faça da queda um problema. Não faça do ato de se levantar uma produção.

E, evidentemente, não suponha que nunca mais tornará a cair.

· 77 ·
Seja você o cartógrafo

Cartografia é uma boa metáfora para a atitude durante a prática da meditação. Um bom cartógrafo estuda detalhadamente as terras e documenta o que foi encontrado. Ele não é contra nem a favor das características encontradas. Não diz: "Bem, na verdade eu gostaria que este rio fizesse uma curva para a esquerda, não para a direita." Afinal, um mapa assim não seria muito útil. Mas por que, ao analisar sua própria experiência, você se vê constantemente tentando substituir uma coisa por outra?

As instruções para a prática da atenção plena são traçar, da maneira mais objetiva possível, um mapa do que você encontrar. A meta é levar uma gentil curiosidade à prática e saudar com igual atenção tudo que encontrar. Esse toque de curiosidade direciona a atenção aos fenômenos que ocorrem no corpo momento a momento, no nível descritivo, a fim de articular o que está presente da mesma maneira que um cartógrafo faria.

Você pode "mapear e observar" algo problemático como uma dor e, assim, transformar sua experiência negativa dela. Ao substituir as queixas da mente contadora de histórias por descrições simples de características físicas, é possível traçar um mapa útil e se sentir menos irritado. Por exemplo, você pode observar: "Agora está formigando; agora está vibrando; agora está aumentando; agora ficou mais intensa; agora é uma dor incômoda", e assim por diante. As descrições físicas são neutras e não suscitam as mesmas reações emocionais (ou mapas distorcidos, tendenciosos) provocadas pelas queixas da mente contadora de histórias.

Com a prática, você vai começar a notar que, de certa forma, o corpo é formado de energia. O cérebro reconhece esses padrões de energia, categorizando-os e, em seguida, atribuindo-lhes uma avaliação emocional.

Que tal parar um pouco e traçar um bom mapa de sua experiência agora, neste exato momento?

· 78 ·
É o que é

Pegue um pedaço de papel e o amasse, formando uma bola. Feche a mão com a bola de papel dentro e vire-a para baixo. É esse o estado em que você normalmente se encontra?

Manter a bola de papel dentro da mão fechada exige energia; há resistência, contração, o aperto da mão. Muitas vezes, ouvimos alguém dizer que precisamos nos "desapegar" e descartar esse pedaço de papel. No entanto, em muitas situações isso parece impossível, como na morte de um ente querido ou numa doença crônica. O que fazer, então? Você pode até tentar jogar o papel fora, mas o vento o trará de volta. Entretanto, existe, sim, uma alternativa. Em vez de atirá-lo para longe, vire a palma da mão para cima, na direção do céu, e abra-a. Essa atitude metafórica – chamada pelo mestre zen Kosho Uchuyama de "abrir a mão do pensamento" – cria espaço em torno da situação problemática, reduz a resistência e modifica a forma como ela o afeta. É como *abrir o coração* em vez de *abrir mão*.

A atenção plena o ajudará a permitir que as coisas permaneçam como são, sem tentar modificá-las o tempo todo. Não queremos dizer com isso que a prática estimula a resignação passiva. Na verdade, você pode deixar de lado a preocupação e o desejo de que as coisas sejam perfeitas. Deixando que as coisas sejam como são, a mente pode relaxar e desfrutar do presente. É como observar um acontecimento ou um sentimento com a mão aberta, virada para cima. Você não precisa resistir, não precisa se livrar de nada, e pode simplesmente estar com o presente como ele é.

· 79 ·
"Chá. Preto. Bem quente"

Será que conseguimos fazer amizade com todas as partes de nós mesmos? Este é o desafio que a prática da atenção plena nos apresenta. É fácil acolher as partes de nós que nos agradam, mas também é fácil repudiar as partes mais difíceis e desafiadoras do nosso eu. À primeira vista, ser agradável com algo sombrio, irritante ou prejudicial parece não fazer muito sentido. "Fazer amizade" é uma forma de aceitação, e aceitação é deixar que as coisas sejam como são no momento presente.

Aceitar é fazer amizade e ser um bom anfitrião para a sua experiência. Tornar-se um anfitrião elegante, e não um anfitrião relutante, é a promessa que a atenção plena oferece.

Você pode acolher a visita como parte do seu eu, o que ela de fato é. Ram Dass fala em convidar as neuroses para tomar um chá. Em uma palestra, ele descreve uma de suas neuroses batendo à porta. Em vez de se aborrecer ou tentar afastá-la, ele disse: "Ah, perversão sexual, entre. Aceita um chá?" No entanto, isso não significa ser um anfitrião obsessivo. Não é preciso preparar para a sua neurose um banquete de dez pratos! Basta lhe oferecer uma simples xícara de chá e dizer: "Tome seu chá, enquanto eu continuo fazendo o que eu estava fazendo antes da sua chegada."

Com sua atenção serena e curiosa, a prática não expressa preferência por um ou outro tipo de experiência. Assim, se pudermos voltar nossa atenção plena a uma sensação agradável com a curiosidade de um cartógrafo, poderemos voltá-la a uma sensação desagradável da mesma maneira. Dessa forma, estaremos fazendo amizade com a totalidade da experiência. A equanimidade pode ser pensada como uma forma de acolher a experiência como um todo, com uma atenção calma, objetiva e respeitosa.

· 80 ·
"Traga-me uma semente de mostarda"

No nível racional, todos nós sabemos que vamos morrer. No entanto, será que realmente conseguimos sentir o peso dessa verdade abertamente, conhecê-la de corpo e alma? Ou será que sutilmente, ou nem tanto, vivemos em negação quanto à inevitabilidade da morte?

O Buda era conhecido como "O grande médico", famoso por sua capacidade de curar as pessoas.[47] Certo dia, uma jovem chamada Kisa Gotami o procurou, trazendo nos braços o filho que acabara de falecer.[48] Aproximando-se dele, Kisa lhe implorou que trouxesse seu precioso filho de volta à vida. Sentia-se incapaz de seguir em frente sem ele. O Buda se apiedou da pobre mulher e concordou em ajudá-la. Disse-lhe: "Vou lhe conceder seu pedido, mas primeiro você terá que me trazer uma semente de mostarda de um lar que nunca tenha conhecido a morte." Grata, ela partiu de casa em casa, aldeia em aldeia, em busca da tal semente de mostarda.

Retornou de mãos vazias, é claro. Mas ganhou outra coisa: sua jornada em busca da semente lhe permitiu conhecer uma verdade fundamental – todos já sentiram o gosto da morte. Ao entender isso, Kisa Gotami se tornou discípula do Buda.

É importante lembrar que não sofremos sozinhos. Esse também é um dos presentes da atenção plena.

· 81 ·
Dor e sofrimento

Dor não é sinônimo de sofrimento. O professor de meditação Shinzen Young oferece a seguinte fórmula:

$$\text{sofrimento} = \text{dor} \times \text{resistência}$$

Dor é o rótulo que o cérebro aplica a determinados padrões de sensações presentes no corpo. Esse padrão de sensação terá um sabor emocional negativo porque o afeto negativo pode ser um importante motivador para a ação (por exemplo, afastar a mão do fogão quente). Entretanto, essa sensação, ainda que seja desagradável, não é o mesmo que sofrimento.

O sofrimento decorre do que você diz a si mesmo a respeito da dor. Na verdade, quando "a dor" se transforma em "minha dor", o sofrimento surge. "Minha dor" tem uma história, tem um futuro. "Minha dor" faz parte de uma história de perda, frustração e expectativa de sofrimento futuro.

A atenção plena consiste em saudar a experiência com abertura e curiosidade e refrear a própria tendência a incluir em toda situação o falatório da mente contadora de histórias. Veja, por exemplo, o que disse Tiger Woods ao comentar a cirurgia no joelho que precisou realizar logo após o terceiro round de liderança do US Open de 2008: "Quando a dor aparece, a dor aparece. Que seja. É só dor."

Escrevendo este livro, eu sinto dor no ombro. Sinto um peso, uma dor persistente, como se alguém estivesse enfiando uma pá entre o meu pescoço e a omoplata, rompendo a articulação e deixando a parte de metal incrustada na carne. No dia seguinte, piora, a parte de metal se torna ainda mais afiada, e os músculos ao redor se enrijecem. Vejo-me diante de escolhas praticamente o tempo todo em que minha atenção se volta para a dor. Posso optar por torná-la um problema ou posso aceitá-la e recebê-la como parte da minha experiência.

Com a aceitação, minha meta é cuidar de mim, modificando as minhas atividades, mas sem me tornar excessivamente protetor. Posso estar ciente de que a dor está presente e é desagradável, e pronto. A dor não precisa diminuir minha sensação de bem-estar no momento, eu não tenho que medicá-la para que se submeta, não tenho que revisar minha história a fim de acomodá-la. Basicamente, ela é o que é, e se eu puder resistir à tentação de desafiar a realidade e insistir que as coisas deveriam ser de outra maneira, ficarei bem. Embora eu esteja sentindo dor, não estou sofrendo porque não estou resistindo. Sem entrar em pânico ou me proteger demais, e cuidando dela como devo, no dia seguinte vai estar melhor, menos intensa. Retomo minhas atividades normais. Isso é o que chamo de aceitação em ação.

• 82 •
"Por que não me ajoelhei mais vezes para aceitá-las?"

O poema "Décima Elegia a Duíno", de Rainer Maria Rilke,[49] é uma metáfora da resistência e da aceitação em uma área bastante problemática: a dos sentimentos negativos. No poema, Rilke na realidade louva o choro e as lágrimas que correm em sua face. Ele não lamenta os sentimentos negativos. Referindo-se às próprias lágrimas, questiona: "Por que não me ajoelhei mais vezes para aceitá-las?" E adverte que "desperdiçamos nossas horas de dor".

Nossa cultura costuma transmitir a mensagem de que sentimentos negativos são anormais, que podem e devem ser "tratados" em todos os casos (o que, obviamente, é um bom negócio para a indústria farmacêutica). Porém, com a prática da atenção plena, podemos começar a acolher o surgimento de sentimentos negativos e a ver que são normais – ou mesmo úteis, como sugere Rilke em seu poema. Levada ao extremo, a propaganda de medicamentos antidepressivos confunde as variações normais no humor humano com condições de saúde tratáveis. Uma coisa não é necessariamente a outra, embora uma sempre faça parte da outra.

E se a ansiedade e outros sentimentos negativos pudessem nos ensinar alguma coisa? Seríamos capazes de fazer amizade com eles?

Embora eu não esteja sugerindo que você celebre os sentimentos negativos, estou, sim, convidando-o a aumentar sua curiosidade em relação a eles. Não resista automaticamente a eles. Experimentar níveis normais de ansiedade e tristeza não o diminui nem prejudica. A prática da atenção plena pode ajudá-lo a saber o que é "normal" e o que o excede (às vezes a ansiedade e a depressão podem se tornar tão intensas que nos incapacitam; nesses casos, a intervenção médica é uma sábia escolha, mesmo para quem pratica a aceitação).

A aceitação daquilo que está presente em nossa experiência muitas vezes auxilia o processo de mudança. Quando criamos espaço para a ansiedade, ela pode diminuir, pois deixamos de alimentá-la com a mente contadora de histórias da resistência.

Será que você consegue fazer amizade com todos os seus sentimentos?

· 83 ·
Com o pé na porta

Certo dia, logo depois de me mudar para a minha casa, ouvi alguém batendo à porta. Era um homem idoso, que se apresentou como vendedor da Electrolux, querendo me vender um aspirador de pó. Como havia na casa um sistema central de aspiração, agradeci a oferta e recusei. Aquela visita, porém, me fez pensar metaforicamente em certas coisas que batem à porta da mente "tentando vender" algo ao eu – raiva, medo, baixa autoestima, por exemplo.

Muitas são as estratégias para lidar com vendedores que tentam nos fazer comprar alguma coisa de que não precisamos. O objetivo deles é conseguir colocar "o pé na porta". É muito pouco provável que você interrompa o vendedor no meio da fala dele para dizer: "Diga apenas quanto é que vou comprar!" Entretanto, é assim que costumamos "comprar" nossos próprios pensamentos no atacado.

Mesmo no que diz respeito à nossa mente, podemos ouvir o papo do vendedor e educadamente responder "obrigado, mas não estou interessado", e pronto. Às vezes, assim como no caso dos vendedores, precisamos repetir várias vezes. Mas normalmente é difícil fazer isso, não acha? Quantas vezes nos vemos ouvindo um "papo de vendedor" mental e decidindo instantaneamente comprar o que quer que seja? E até nas raras ocasiões em que reunimos todos os recursos para recusar uma só vez, com que frequência nos sentimos um pouco culpados por não termos aceitado a história da mente, mesmo não querendo o que está sendo vendido?

Uma estratégia que podemos aplicar aos vendedores "de porta em porta" da nossa mente é dar uma espiada pelo olho mágico para ver quem bate à porta. Se for um vendedor – as conhecidas histórias e julgamentos da nossa mente –, a atenção plena nos oferece um espaço para escolhermos não abri-la.

Não precisamos comprar tudo que a mente tenta nos oferece simplesmente pelo fato de o vendedor estar dentro da nossa cabeça.

A atenção plena nos ajuda a estarmos menos comprometidos com os nossos próprios pensamentos, a não sermos um alvo tão fácil para nossos vendedores interiores.

· 84 ·
Expediente de trabalho

Professores universitários costumam divulgar os horários em que estão disponíveis aos alunos em suas salas. Os meus eram terças das 3h15 às 4h15 e sextas das 1h às 2h. Meus alunos sabiam que eu estava disponível nesses horários. Se não conseguissem falar comigo, tinham que agendar outra hora. O corpo docente não está disponível o tempo todo; normalmente, a porta da sala fica fechada para que a gente possa trabalhar em outras tarefas.

E quando é a sua mente, você dá acesso aos seus pensamentos 24 horas por dia, 7 dias por semana? Você se preocupa o dia inteiro e até no meio da noite? Está constantemente de plantão?

Um dos benefícios que a prática da atenção plena nos proporciona é desenvolver fronteiras cognitivas semelhantes a um horário de expediente de trabalho. Não precisamos permitir que nossos pensamentos nocivos tenham acesso livre e ilimitado à atenção e à consciência.

Costumo ensinar às pessoas uma ferramenta chamada "preocupação com hora marcada". Assim como o horário de expediente, dedicamos um tempo específico à preocupação e às reclamações. Durante esse tempo, você se permite projetar o futuro, pensar sobre o passado, anotar coisas, resolver problemas e refletir sobre os medos e as preocupações com o porvir – tudo isso com atenção plena. Em seguida, quando os pensamentos se apresentarem com urgência fora do horário do expediente, você pode lhes reafirmar com firmeza que o expediente começa às 3h e que só vai lidar com essas questões no horário certo.

A prática da atenção plena desenvolve as habilidades necessárias para estabelecermos esse "horário de expediente interior".

· 85 ·
Armadilha para macaco

Na Índia, utiliza-se uma armadilha engenhosa para capturar macacos. Trata-se de uma caixa simples com grades espaçadas numa largura suficiente para permitir a passagem de uma mão aberta. Dentro da caixa, coloca-se uma apetitosa banana. O macaco pode então passar a mão pelas grades e pegar a banana. No entanto, ele não consegue tirar a mão da caixa enquanto não soltar a tão desejada fruta – seu punho fechado é grande demais para passar pelo vão entre as grades. Enquanto continuar agarrado à banana, ele continuará preso. Se decidir abandoná-la, conseguirá se soltar. Com os nossos pensamentos, somos como esse macaco, apegados a todo tipo de coisa por nossa própria conta e risco.

A armadilha nos lembra de padrões destrutivos de pensamento. Quanto mais você pensa, mais angustiado fica. Por quê? Porque não podemos pensar para solucionar um problema que foi causado pelo próprio problema. Ruminá-lo raramente nos ajuda a resolvê-lo. De nada adianta pensar ainda mais para aliviar a angústia criada pela ruminação.

Outra boa imagem de armadilha é a armadilha chinesa do dedo. Esse simples e inteligente dispositivo consiste em um tubo de palha trançada. Em cada extremidade, coloca-se um dedo. Ao tentar puxar os dois dedos de uma vez, o material trançado se prende ainda mais à ponta do seu dedo. Quanto mais forte você puxar, mais os dedos ficarão presos. Quanto mais resistir, pior para você. A única maneira de se livrar da armadilha é empurrar ao máximo os dedos um na direção do outro, até a palha trançada expandir e se soltar. Eis uma excelente metáfora da ineficácia de resistir à experiência e da utilidade de se aproximar da experiência indesejada.

A prática da atenção plena é uma solução para a resistência. Sempre que pudermos reconhecer que estamos presos à armadilha do macaco ou à armadilha do dedo, a atenção plena nos proporciona a oportunidade de nos libertarmos. Para nos libertarmos da armadilha do macaco, basta nos soltarmos daquilo que nos prendeu. Para nos libertarmos da armadilha do dedo, precisamos nos "aproximar" da dificuldade, em vez de reagir com aversão e resistência.

· 86 ·
Aikido mental

Aikido é uma arte marcial que promove a paz e a não violência. O aikido utiliza movimentos circulares e graciosos para neutralizar um ataque: ele usa a energia que já está presente e a leva na direção que já está indo, permitindo que o embalo do próprio atacante o atire longe sem lhe causar danos. Os objetivos dos movimentos do aikido são ser "verdadeiros" (eficazes na concretização de sua meta de evitar um ataque), "bons" (não machucar o atacante ou a si mesmo) e "belos de serem vistos".[50]

A atenção plena é uma espécie de "aikido mental". Não se trata de aplicar a força cega contra a força (combater os pensamentos que o atacam) nem de se esquivar (virando as costas e fugindo de circunstâncias difíceis). Como no aikido, você entra em contato com o que chega até você, seja lá o que for. Não resiste ao contato nem o busca – e não envolve luta.

Em palavras simples e profundas, você lida com o que é real no momento.

· 87 ·
Garagem bagunçada

Imagine uma garagem atulhada. Você não consegue dar dois passos sem tropeçar em uma velharia e machucar o dedão. Com a mente é a mesma coisa: você não consegue dar dois passos sem tropeçar em lembranças dolorosas, autopercepções rígidas, crenças obstinadas sobre si mesmo e o mundo. Nossa mente vive cheia disso, e a meditação não vai erradicar esses pensamentos. Ao contrário, a prática da atenção plena ajuda a criar uma sensação de espaço sem gerar ainda mais bagunça e desordem. Além disso, de vez em quando você pode até ter uma oportunidade de jogar fora algo que já não tem mais utilidade.

Existe outra metáfora semelhante a essa, sobre sal na água. Uma colher de sopa de sal em uma xícara de água a deixará extremamente salgada, mas uma colher de sopa de sal em 5 litros de água é praticamente imperceptível. Quanto mais espaço você puder gerar em torno das coisas que o incomodam, menos elas o incomodarão. A prática o ajuda a criar esse espaço.

· 88 ·
"Os melhores lugares estão no camarote"

Já notou que, quanto mais você se aproxima das suas experiências difíceis, mais tende a sofrer? Em alguns casos, o drama é intenso demais e é difícil respirar naquele espaço confinado. Pode ser útil imaginar-se como um espectador da peça, e não como alguém no centro palco. E, mesmo assim, a peça pode ser muito envolvente, não é?

Em primeiro lugar, é preciso notar que há um momento de escolha, que você pode se afastar e que há um espaço para isso – o enorme teatro vazio que circunda o palco. Em segundo lugar, você precisa estar disposto a criar um ponto de vista privilegiado para o centro da peça. Talvez, para isso, tenha que abrir mão de algo ao qual está apegado, como a necessidade de ter razão ou de obter reconhecimento. Com a prática, pode até ser divertido se afastar e observar a si e aos outros ao seu redor com certo distanciamento. Em vez de se sentir sobrecarregado pela raiva ou pelas palavras de alguém, você pode tentar reconhecer as dificuldades dele.

Na última noite do meu curso de oito semanas, houve um ruído alto durante a meditação. Havia uma pessoa limpando o saguão do local onde o curso era realizado – e estava com dificuldades. Sem saber que havia pessoas meditando do outro lado da porta, ali pertinho, a pessoa tentava se virar com um esfregão e um balde, que caíram gerando um barulho alto e muitos palavrões. Do espaço de meditação, o absurdo de seu comportamento ficou evidente. Assim como também ficou evidente o sofrimento que estava gerando para si. Os participantes do curso direcionaram compaixão a essa pessoa. Quando se distancia do palco e se torna espectador – de preferência em um bom lugar no camarote –, você consegue avaliar a natureza do seu próprio comportamento, que não raro é absurda e dolorosa. Como espectador, você pode escolher qual será sua resposta, em vez de reagir impulsivamente.

A prática da atenção plena transforma seu lugar de meditação num verdadeiro camarote – o melhor assento da casa!

• 89 •
O céu da mente

Os pensamentos atravessam a mente como nuvens no céu. Às vezes, durante a meditação, é como se estivéssemos em uma tempestade de raios e trovoadas, com o céu cheio de nuvens carregadas; às vezes, aparecem apenas nuvens passageiras; às vezes, não há uma única nuvem no céu, apenas um azul infinito. O que é chamado de mente original, ou mente grande, é o que está por trás das nuvens. A mente não é feita apenas de pensamentos; não é feita apenas de nuvens passageiras. É também o céu em si, com ou sem nuvens.

A prática da atenção plena é o processo de observar as nuvens, notar sua existência, sem tentar modificá-las nem se livrar delas. Ao olharmos as nuvens sem nenhuma atividade mental contadora de histórias, muitas vezes elas tendem a se dissipar – e um céu claro, todo azul, se abre à nossa frente. Mas é importante reconhecer também que o céu continua vasto e aberto, mesmo nos dias mais cinzentos.

· 90 ·
"Nada de dançar num campo minado"

A vida às vezes nos pega de surpresa, não é?

John Philpot Curran, um irlandês que viveu no século XVIII e era membro do parlamento, afirmou que "o preço da liberdade é a eterna vigilância". Poderíamos afirmar também que a atenção plena e contínua é o preço da liberdade em relação ao sofrimento criado por nós mesmos.

Às vezes, a vida pode ser como um campo minado, então é preciso estar vigilante, cauteloso e alerta. Se corrermos pelo campo sem tomar cuidado, provavelmente sofreremos grandes danos. Quando estamos cientes de que estamos num campo minado, é fácil nos lembrar de ter cuidado, de estar atentos. Mas e quanto às inúmeras circunstâncias em que o perigo não está tão claro? A vigilância atenta à nossa reatividade e às nossas histórias é importante mesmo assim.

O objetivo, claro, não é desenvolver uma obsessão em relação a todas as situações possíveis, paralisados pelo medo que nos restringe, mas sim reconhecer a realidade de que tudo pode acontecer e honrá-la com a devida cautela.

A prática da atenção plena o ajudará a se preparar para o inesperado. Ao longo do processo de se tornar íntimo dos seus sentimentos e do seu corpo, você terá mais facilidade em monitorar suas reações emocionais. E isso pode ajudá-lo a prevenir atitudes impulsivas a essas reações emocionais ou a se recuperar rapidamente, assim que a reação der seus primeiros sinais.

METÁFORAS DA PRÁTICA

Para algumas pessoas, começar a praticar meditação é como voltar para casa. Para muitas, porém, pode ser algo desconhecido e difícil – além de complicado de manter. As metáforas da prática podem ser úteis para torná-la mais acessível e eficaz.

As metáforas desta seção o ajudarão a criar um espaço para a meditação na sua vida. Elas o ajudarão a persistir quando a sua iniciativa der sinais de cansaço e as outras demandas da sua vida assumirem a dianteira. Mas a conclusão é simples: para extrair algum valor da atenção plena, é indispensável praticar estar atento. E, assim como o desenvolvimento de qualquer habilidade, a prática exige esforço. Tal esforço, porém, não precisa ser árduo – a prática também lhe permite conectar-se com uma forma de esforço mais alegre, natural e fácil. Pode ser como flutuar de canoa em um dia de mar calmo, acompanhando o ir e refluir da inspiração e da expiração.

· 91 ·
"Tomem seus assentos"

Quando falamos em "tomar seus assentos" para a meditação, normalmente imaginamos uma pessoa sentada em posição de lótus – porém, de modo mais amplo, o assento da meditação é qualquer postura assumida de forma atenta, e pode incluir sentar-se, caminhar, ficar de pé e deitar-se. Ainda mais amplamente, o assento é também a atitude que você leva à prática. O corpo pode se sentar, mas a mente precisa se sentar também. Costumo convidar meus alunos durante a meditação guiada a tomarem *ambos* os assentos: a postura e a atitude para a prática.

Com a continuidade da prática, o assento vai se tornar uma base estável para a meditação. É o que o sustentará quando estiver inquieto, agitado e impaciente, mantendo seu bumbum grudado à almofada. O assento pode ser um lugar maravilhoso. É útil honrar o lugar do assento designando uma local em sua casa somente para a prática. Ter esse lugar especial não fará a meditação por você, mas pode incentivá-lo a continuar praticando.

· 92 ·
A calmaria entre duas ondas do mar

O oceano pode nos ensinar uma coisinha ou outra sobre paciência.

O oceano passa eras se chocando contra grandes rochas

para transformá-las em areia. Realiza o mesmo movimento das marés todos os dias sem se queixar. As ondas tocam a areia uma após a outra. Seu ritmo é como a respiração. Inexorável e elementar.

Será que você consegue ter a mesma paciência do ir e vir das ondas do mar? Consegue seguir o movimento da maré da respiração ao longo do dia?

T.S. Eliot, em *Quatro quartetos*, reconhece o poder do mar, quando diz: "Mas ouvidas, semiouvidas, na quietude/ Entre duas ondas do mar."[51]

Ao prestar atenção nas ondas da respiração, experimente também focar um pouco mais além da arrebentação, não nas ondas quebrando na praia, mas nas maravilhosas ondas que sobem e descem lá longe, à distância. Eis outra metáfora da respiração: o momento em que a onda sobe e desce; no brevíssimo instante entre a inspiração e a expiração é possível encontrar a quietude à qual Eliot se refere. Em certas tradições de meditação, esse breve momento é, em si, o foco da prática, o momento entre as respirações, quando a expiração termina, mas a inspiração ainda não começou.[52]

Na prática da atenção plena, quando você estiver sentado, observando e sentindo a respiração, às vezes é útil imaginar a respiração como o ir e vir das ondas do mar. Ao fazê-lo, você pode reconhecer uma continuidade entre a respiração do seu eu e a respiração da natureza.

· 93 ·
Segurando um filhote de passarinho

Um filhote de passarinho é uma criatura frágil e dinâmica. Se não o segurarmos firme o bastante, ele foge e voa para longe. Se o segurarmos firme demais, podemos esmagá-lo. Essa imagem pode ser útil para entendermos como nos esforçar na prática de meditação. Se o esforço não for intenso o suficiente, a mente escapa e voa para longe como o passarinho. Se for intenso demais, pode esmagar seu espírito. A abordagem correta é não apertar demais nem de menos.

Esforço é tópico complicado, principalmente nas culturas ocidentais, voltadas para metas e conquistas. Sempre que falo nisso me lembro de um cartoon publicado na *The New Yorker*. Nele, um homem entra no elevador. Em resposta à pergunta usual do ascensorista ("Sobe ou desce?"), o homem diz: "Nem uma coisa nem outra. Para mim está bom aqui." Somos tão condicionados a *estar sempre fazendo alguma coisa* que simplesmente *ser* parece estranho à civilização em que vivemos.

O mesmo se aplica à meditação. O ego assume o controle de qualquer coisa que envolva a realização de metas. Quantas vezes já nos passou pela cabeça alguma versão do pensamento: "Se for para meditar, então vou ser um *excelente* meditador!"? E o que acontece quando não ficamos à altura das nossas expectativas autocentradas? Acabamos nos sentindo fracassados, é claro.

A energia do ego pode ser útil num primeiro momento, mas logo se transforma em uma armadilha limitadora. Na prática da atenção plena, não são os minutos de meditação sobre a almofada, as distâncias viajadas para retiros distantes ou o tempo passado ao lado de renomados professores que importam. Importa apenas o processo de se tornar íntimo da mente, de não reagir e de ser livre.

O ego assume o controle da prática e pode se tornar autoritário. Pode transformar a meditação em algo árduo, e o excesso de esforço (em si uma forma de estar fazendo alguma coisa) se torna um obstáculo no caminho de simplesmente ser – meta última da prática. É claro que é importante ter objetivos e nos esforçarmos para atingi-los. Não iríamos muito longe sem eles.

Tenha objetivos, mas não se apegue a eles. Segure o passarinho e cuide dele, mas não o esmague.

· 94 ·
Amolando o machado

Você tem uma pilha de lenha enorme para cortar e seu tempo é curto. Por isso você conclui que não tem tempo para parar e amolar o machado, e segue trabalhando, com a lâmina cada vez mais cega, na tentativa frenética de concluir a tarefa. Com certeza faria mais sentido parar e dedicar o tempo necessário para amolar o machado.[53]

A prática da atenção plena amola o machado da mente. Dedicar cinco ou dez minutos de uma hora de trabalho à prática pode, na verdade, torná-lo mais produtivo. Reservar uma hora de um dia complicado pode ajudá-lo a viver de maneira mais equilibrada e com mais energia. Reservar um tempo para a prática é fundamental; o tempo investido rende dividendos sob a forma de maior clareza, foco e satisfação.

· 95 ·
A realidade na tabacaria

A meditação pode evocar imagens exóticas – cavernas remotas no Himalaia, monges budistas em trajes coloridos, budas de ouro e imagens de Shiva dançando. No entanto, a meditação de atenção plena não contém nada de especial; na verdade, é bastante trivial.

O dramaturgo Wallace Shawn captou bem essa trivialidade no filme *Meu jantar com André*, ao afirmar:

> Será mesmo necessário escalar o Everest para captar um momento de realidade? O Everest é mais real do que Nova York? Acredito que se você pudesse se tornar totalmente consciente do que existe na tabacaria ao lado deste restaurante, você ficaria impressionado! Pois há tanta realidade a ser captada na tabacaria quanto no Everest!

Natureza e realidade estão ao nosso redor o tempo todo; a mente tem uma tendência a negligenciar o caráter sagrado daquilo que é mundano. Todo momento oferece beleza, certa paz e alguma oportunidade de conexão.

A prática da atenção plena o familiarizará com o trivial extraordinário. Cada momento de atenção constitui um minidespertar. Até mesmo uma ida à tabacaria pode ser tão revigorante quanto escalar o Everest.

· 96 ·
A cítara da iluminação

Quando está folgada demais, a corda da cítara não produz som. Quando está apertada demais, pode arrebentar. Da mesma maneira, na prática, sua abordagem não deve ser nem folgada nem apertada demais.

A ideia é não ser obsessivo nem limitado além da conta pelas regras (apertando demais a corda), tampouco completamente negligente ou indisciplinado (afrouxando demais a corda). Se nos identificamos em excesso com as regras (até mesmo as "regras" da prática da atenção plena), ficamos presos ao apego. Entretanto, quando nos falta disciplina, a mente fica solta e não consegue produzir um som nítido. Evidentemente, sem disciplina, podemos criar tanto ruído em nossa vida que não conseguimos ouvir o instrumento da mente tocar. Assim, o caminho do meio consiste em abordar a prática com mão firme e, ao mesmo tempo, com delicadeza.

· 97 ·
Aprendendo a tocar um instrumento musical

Ninguém espera pegar um trombone pela primeira vez e sair tocando na mesma hora. Afinal, o aprendizado de um instrumento musical exige prática. Assim também é com o aprendizado da meditação – exige tempo e prática. Desenvolver o hábito da meditação de atenção plena exige trabalho e esforço concentrado.

Diz-se que, para se tornar especialista em alguma coisa, é preciso praticá-la durante 10 mil horas.⁵⁴ Dez mil horas equivalem a cinco anos de trabalho em tempo integral ou uma hora por dia durante trinta anos. A boa notícia, porém, é que você não precisa ser especialista em meditação para se beneficiar da atenção plena ou para incorporá-la à sua vida cotidiana. Bastam oito semanas de prática regular para gerar mudanças demonstráveis na sua vida e até mesmo no seu cérebro.⁵⁵ Talvez seja necessário realizar alguns ajustes na sua atitude para enxergar a atenção como uma habilidade sujeita a desenvolvimento e aperfeiçoamento. Entretanto, assim como no aprendizado de qualquer habilidade, a prática é fundamental.

Toque bastante o instrumento da sua mente!

· 98 ·
Apenas faça!

Embora a atenção seja um processo, e não um músculo, pode ser útil comparar a meditação de atenção plena à prática de exercícios físicos. A atenção melhora com a prática, ficando mais tonificada e responsiva.

Na musculação, há períodos em que o desenvolvimento de massa muscular atinge um platô. O mesmo pode acontecer com a meditação. Pode haver platôs, épocas problemáticas e dificuldades. Na prática, o caminho pode não ser linear, sempre melhorando e melhorando num progresso inexorável.

O segredo está em perceber que a meditação não tem nada a ver com conquistas – não existe na prática o equivalente a ser capaz de levantar cada vez mais e mais peso no supino. Tampouco existe o equivalente a chegar a um destino. O objetivo da meditação é o autoconhecimento. Quem sabe o que você pode encontrar?

Para algumas pessoas, é útil contar com a ajuda de um personal trainer para definir e manter um programa de exercícios; do mesmo modo, pode ser útil contar com um instrutor de meditação. A meditação guiada também proporciona estrutura e apoio – uma espécie de série de exercícios para a mente.

· 99 ·
Dividir para conquistar

Em seu livro *Break Through Pain*, o professor de meditação Shinzen Young fala em "dividir para conquistar". Não se pode engolir o futuro inteiro nem o passado inteiro. Não se pode lidar com uma doença ou dor "para o resto da vida" – no entanto, *é possível* lidar com algo assim *neste* momento, depois no momento seguinte, e assim por diante. Quando "dividimos" uma tarefa aparentemente monolítica ou um problema assustador nos momentos que o compõem, podemos "conquistar" um passo e um momento de cada vez. E mais, quando agimos assim, começamos a perceber que grande parte da dificuldade em determinada situação tem a ver com a *ideia* da tarefa ou do problema, não com os momentos reais da coisa em si.

Encontrei um exemplo excelente disso na minha vida no inverno passado. No lugar onde moro, neva – e muito. Durante uma tempestade, a neve acumulada chegou a 70 centímetros de altura. A entrada da garagem da minha casa tem mais de 30 metros de comprimento. É muita neve. Pensando bem, talvez estejamos falando literalmente em toneladas. Considerando a quantidade de neve, senti-me totalmente incapaz de retirá-la.

Porém, em vez de pensar na coisa como um todo, fiz um esforço consciente para retirar uma pá de neve, com toda a atenção. Depois mais outra. E mais outra. Por fim, consegui abrir caminho, uma pá de cada vez, durante um longo período de tempo.

Fiz daquilo uma forma de meditação, de estar presente no momento e prestar atenção às sensações corporais de esforço e frio. A ação era repetitiva e rítmica como a respiração. Ao me virar e olhar o fim do caminho até a entrada da minha casa, minha mente reclamava: "Minha nossa senhora, nunca vou conseguir terminar." "Continue tirando a neve, uma pá de cada vez", eu mesmo respondia para me encorajar. Todas as objeções conhecidas apareceram – impaciência, desejo de estar em outro lugar –, e elas fluíram em um movimento tranquilo, uma pá de neve de cada vez. Por fim a tarefa acabou sendo concluída, apesar das queixas da minha mente cachorro. E mais, grande parte da tarefa foi agradável e me proporcionou a sensação de dever cumprido quando finalmente terminei.

Vamos analisar outro exemplo de como algo enorme pode ser realizado pouco a pouco. Consideremos um enorme fardo de penas. Essa quantidade enorme de penas deve pesar, sei lá, uma tonelada. Entretanto, cada pena é imperceptivelmente leve. A prática da atenção plena é a prática de mover, com paciência e delicadeza, uma pena levinha de cada vez – é a ação de levar a mente de volta para o momento presente.

Quando conseguimos abordar tarefas maiores – ou até mesmo tarefas menores – da mesma maneira que abordaríamos a prática formal da meditação, podemos realizar muita coisa. A prática da atenção plena nos treina em um esforço persistente, constante.

Esse esforço continua retornando à tarefa em questão, com equanimidade, perdão e momentos em que conseguimos rir de nós mesmos.

· 100 ·

Sempre alerta

Não é preciso ser escoteiro para apreciar o valor de estar preparado. Há tipos de preparação que nunca pensaríamos em deixar para a última hora: jamais subiríamos uma montanha sem comprar e embalar comida e todos os equipamentos necessários, e uma gestante dificilmente chegaria ao fim da gravidez sem fazer planos para o bebê.

Do mesmo modo, seria aconselhável praticar a meditação de atenção plena nos bons momentos para que você tenha algo ao qual recorrer nos maus momentos, quando as coisas ficarem difíceis. E uma hora ou outra as coisas ficam difíceis para todo mundo – na melhor das hipóteses, todos nós inevitavelmente enfrentaremos a doença, a velhice, a morte, perdas e mudanças em nós mesmos e nas pessoas que amamos. De que maneira podemos nos preparar?

Gostaria de introduzir aqui uma distinção: prática *formal* e *informal*. Prática formal é aquela que realizamos sentados na almofada, caminhando ou praticando yoga com atenção plena, por exemplo. A prática é formal quando não estamos fazendo *nada além* da meditação. A prática informal, por outro lado, ocorre quando a prática formal "transborda" para a vida cotidiana: e usamos a atenção plena enquanto lavamos a louça, tiramos o lixo, limpamos o jardim, conversamos com os filhos e em todas as outras atividades da vida.

Quase todos nós necessitamos da prática formal para poder acessar os benefícios da prática informal e desfrutar deles. Pode ser fácil se deixar levar pela prática formal e se impressionar com quantos minutos ou horas você está meditando e com os maravilhosos estados mentais rarefeitos com os quais é possível entrar em contato. Entretanto, se isso não significar mais tempo de atenção plena *fora* da almofada, de nada servirão.

O objetivo da atenção plena não é estar presente parte do tempo; é estar presente o tempo *todo* – e viver de verdade todos os momentos da sua vida. A prática formal deve ser vista não como um fim em si, mas como um meio para alcançar uma vida inteira de atenção plena.

· 101 ·
"Volte logo!"

O objetivo da prática de meditação é aprender a "voltar" ao momento presente – no entanto, muitas pessoas se equivocam, acreditando que o objetivo é permanecer sentado com a mente tranquila.

O principal problema é que as pessoas têm a ideia de que existe uma maneira "certa" de praticar e ficam frustradas quando não conseguem "acertar". Muitos acreditam que "não conseguem meditar" porque não estão no estado de espírito "certo" ou porque a mente está "agitada demais".

Na verdade, o que querem dizer é que, quando se sentaram para meditar, descobriram que a própria mente estava repleta de distração, impaciência ou tédio, ou precisaram lidar com pensamentos dolorosos que se apresentaram.

Pode ser que você queira que a meditação seja agradável – e ela muitas vezes é, mas não necessariamente. Além disso, quando você tem uma experiência tranquila e relaxante na meditação, a mente a registra como um marco e passa a tentar recriá-la a cada prática. Ela compara todas as meditações futuras a essa experiência poderosa ou agradável e fica decepcionada quando isso não acontece. Essa é uma das maiores armadilhas no caminho do aprendizado da meditação de atenção plena, uma armadilha que pode ser perigosa e sedutora até para os mais experientes.

Quando ensino a atenção plena, costumo enfatizar o "voltar". Assim, mesmo quando – ou *principalmente* quando – a mente está agitada, existe uma prática que sempre podemos realizar: praticar voltar ao momento presente. Quanto mais agitada a mente, mais oportunidades temos de trazer a atenção de volta.

O objetivo da prática da atenção plena é trabalhar com o que é, com o que quer que esteja presente no momento presente. Essa instrução tão simples vive sendo deixada de lado quando entram em cena expectativas como "a meditação deveria ser relaxante", "a meditação deveria ser tranquila" ou "estou tão distraído que não adianta nada meditar". Tais crenças são obstáculos comuns à prática. Quando você consegue se concentrar em "voltar ao presente", e não em "permanecer tranquilo", não tem erro – desde que continue trazendo a atenção de volta. Vou repetir mais uma vez: *não tem como errar*! Não importa se sua mente contadora de histórias entrou em ação por um minuto, por dez minutos ou por uma hora, trazer a atenção de volta ao momento presente *é* a prática. E os momentos em que a mente está agitada são os mais valiosos para praticar, pois essa é a mente com qual você precisa lidar a maior parte do tempo. Ser inundado por pensamentos é muito mais comum do que estar com a mente tranquila – por isso, trabalhe com aquilo que a mente lhe oferecer, mesmo quando ela estiver tumultuada e caótica.

Com toda a paciência, pratique voltar ao momento presente como ele é.

Repita sempre que necessário.

• 102 •
"Senta... Senta... Senta... Bom garoto!"

Imagine um cãozinho de oito ou dez semanas que você quer ensinar a sentar. Você diz: "Senta." Talvez ele até fique sentado por um momento, mas logo se levanta para brincar, fazer xixi no tapete, rasgar o jornal e outras coisas que os filhotes fazem. Você o coloca de volta no lugar e tenta de novo: "Senta." É provável que faça isso com um sorriso no rosto e uma boa dose de paciência. É provável que tenha mais facilidade para ter paciência com o cão do que consigo mesmo em situações novas e difíceis. Aposto que você raramente trata a si mesmo tão bem quanto trata um animal! Ou, dito de outra forma: você nunca trataria um cãozinho do mesmo jeito que trata a si mesmo.

Por que será? Quantas vezes nos tratamos com algum grau de rispidez? Quantas vezes nos punimos por coisas pequenas – pela palavra errada proferida, por pequenas imperfeições? E se pudéssemos ser delicados, amáveis e compreensivos com nós mesmos da mesma maneira que seríamos com um filhotinho adorável?

A prática da atenção plena nos ajuda a desenvolver essa capacidade. As instruções nesse sentido são bastante claras. Quando a atenção se distrair como o filhotinho, traga-a de volta com delicadeza. Não se repreenda porque sua mente começou a divagar. A mente é assim mesmo. Comece de novo na próxima inspiração. Repita com um sorriso no rosto.

· 103 ·

Agarre-se à vida

Quando a vida fica difícil, pode parecer que você está montando um touro num rodeio. Sobretudo quando a vida começa a dar coices, a tentação é soltar as rédeas e se deixar cair. Esses touros podem ser pressões financeiras, prazos de entrega de trabalhos, pais idosos ou um filho problemático. A vida continua dando coices. É fácil cair do touro e adotar comportamentos que trazem conforto mas não fazem bem. Muitos recorrem à comida, ao álcool ou ficam hipnotizados diante da televisão, pois se aproximar dos desafios e segurar o touro pelos chifres parece ser contraintuitivo. Se você cair, o desafio é tornar a subir no touro. E toda esta metáfora se aplica muito bem tanto à vida em geral quanto a uma sessão de meditação.

A prática da atenção plena pode ajudá-lo a desenvolver essa capacidade de se manter em cima do touro. Quando você se senta e observa a sua respiração, o local escolhido para meditar é como uma sela – tanto o assento físico quanto o assento da mente. Agarre-se a cada momento; pratique não se deixar ser lançado ao chão a cada coice da mente. Assim, as horas e horas observando e sentindo as vicissitudes da mente vão prepará-lo para lidar com os touros da vida cotidiana. O segredo é continuar praticando mesmo quando as coisas ficarem difíceis.

O touro vai aparecer durante a meditação em si. Ele pode começar a escoicear durante a meditação, lançando todo tipo de sentimentos, pensamentos e imagens tentadoras, esquisitas e intensas. Talvez você pense que não adianta de nada meditar em meio a toda essa confusão. Mas continue assim mesmo.

Se conseguir permanecer montado no touro durante essa sessão de meditação, você será capaz de enfrentar qualquer desafio!

• 104 •

A marcha dos pinguins

A maneira tradicional de aprender a atenção plena é em um retiro de meditação em silêncio. Em geral, esses retiros acontecem em regiões rurais tranquilas, ou pelo menos num ambiente urbano protegido. Essa proteção permite que os participantes tenham a oportunidade de mergulhar fundo dentro de si mesmos para aprender esse método de meditação – e isso pode ser valioso. No entanto, essa não é a única forma de aprender a meditar.

Muitas vezes, ao pensarmos em meditação, a primeira imagem que nos vem à cabeça é a de uma caverna no alto de uma montanha, longe de tudo e de todos. Há uma ideia de que, para aprender a meditar, é preciso se afastar do mundo – até mesmo a palavra *retiro* evoca essa imagem.

Meu estúdio de meditação em Burlington, Vermont, fica em uma loja de frente para uma rua bastante movimentada. Há o barulho dos carros, dos ônibus e dos pedestres. Isso poderia parecer uma desvantagem para quem deseja aprender a meditar. No entanto, só é uma desvantagem se nos apegarmos à imagem de reclusão e isolamento associada à prática. Se aprendermos a meditar num ambiente agitado como esse – e todo mundo aprende –, teremos algo para levar conosco para o mundo lá fora.

O famoso filme *A marcha dos pinguins* retrata a jornada precária dos pinguins para dar à luz a próxima geração. O frio intenso da tundra da Antártida torna o processo arriscado. Os frágeis filhotes precisam de proteção em temperaturas que podem chegar a mais de 60 graus abaixo de zero. Precisamos aprender a cuidar da nossa prática de atenção plena da mesma maneira que os pinguins cuidam de seus frágeis ovos e filhotes.

Para aprendermos a meditar e praticarmos a atenção plena não precisamos vencer uma jornada épica. No entanto, vale a pena proteger sua nova prática, escolhendo um local específico para ela e dedicando-lhe um horário especial todos os dias. Essas proteções podem facilitar o aprendizado e ajudá-lo a incorporar a atenção plena a todos os aspectos da vida.

· 105 ·
O hábito não faz o monge

A atenção plena é uma filosofia e uma psicologia que pode ser adaptada. É uma ferramenta prática para lidar com o estresse, a dor, a ansiedade e a depressão. É uma forma de melhorar a vida tornando-a mais vívida. Pode ser também uma ferramenta para se "salvar" do sofrimento.

Assim, é fácil se encantar com a ideia de ser um meditador. Você pode comprar almofadas, sinos, incenso e adotar a aparência e o comportamento de alguém que medita. Pode até começar a acreditar que é um excelente meditador e tornar essa característica parte da sua identidade. Thoreau estava ciente dessa armadilha já em 1854, quando advertiu: "Cuidado com todos os empreendimentos que exigem roupas novas em vez de um novo usuário para essas roupas." Uma das armadilhas da prática é deixar o ego assumir o controle da empreitada da atenção plena.

É ótimo ter metas e se motivar a praticar. Certamente a prática exige esforço. No entanto, se começarmos a nos *identificar* com as metas e o esforço ou se passarmos a vê-los como fins em si mesmos, estaremos encrencados. Afinal, essa identificação com ser "um meditador" ou com as roupas – e toda a parafernália e os rituais da meditação

– é apenas mais uma formação mental da qual "voltamos" para o aqui e agora.

Sendo assim, pratique com esforço, interesse e alegria. Vivencie o processo em si e não fique preocupado demais com os adereços da iluminação.

• 106 •
Um seguro para a mente

Não faria sentido passar a vida temendo adversidades sem se preparar para elas. Por exemplo, o estepe do seu carro. Ninguém quer que o pneu do carro fure, claro, mas reconhecemos a possibilidade de isso acontecer e tomamos as devidas precauções. Melhor ainda é fazer um seguro para o carro.

A prática não consegue impedir que o pneu do seu carro fure, mas oferece os meios para lidar com o problema, caso ele ocorra. A atenção plena é o estepe, o macaco e a capacidade de trocar o pneu. Ela também pode oferecer mapas e orientação para viagens. A prática nos familiariza com o território da mente e pode nos ajudar a enfrentar "condições de trânsito" difíceis quando elas surgirem. Pode nos ajudar também a sermos mais autossuficientes para lidar com emoções e situações problemáticas. A prática frequente nos auxilia a manter o "seguro" em dia.

E torça para não descobrir que o seguro venceu quando o pneu furar e você ficar parado no acostamento, sem estepe.

· 107 ·
Esprema a esponja

A publicidade e muitos livros de autoajuda parecem oferecer a possibilidade de transformação imediata. Basta um momento (ou, mais frequentemente, um *produto*) e, de uma hora para a outra, todos os nossos problemas são resolvidos de uma vez por todas. Mas a verdadeira mudança é um processo lento e repetitivo.

Certa vez, eu estava lavando meu carro com uma esponja natural enorme. Na hora de tirar o sabão, embebi a esponja em água e tive a impressão de que ela estava limpa, sem sabão; porém, quando a espremi, o sabão apareceu. Mergulhei-a mais uma vez e, mais uma vez, ela pareceu estar limpa, mas quando a espremi, mais sabão. Assim também é a mudança. Somos como a esponja encharcada, compostos de células sedentas que se apegam a ideias, lembranças e crenças. Quando você se sente bem, parece que a esponja da mente está limpa, mas, ao menor sinal de perturbação, os resíduos de sabão aparecem novamente.

Sempre que você medita, é como se estivesse mergulhando a esponja em água limpa. Depois de meditar, você se sente mais leve e pensa com mais clareza. Às vezes consegue até sentir a saída dos resíduos, os pensamentos, lembranças, imagens e emoções indesejados. Tudo que vem à tona durante a prática o ajuda a ter mais clareza. Sinto lhe dizer, porém, que, ao contrário da esponja, que depois de inúmeros ciclos de lavagem pode ficar totalmente limpa, nunca ficaremos totalmente livres de sujeira mental.

Mesmo assim, com a continuidade da prática, podemos passar a valorizar a jornada, o processo, e não o destino ou a meta. Afinal, não basta respirar uma única vez e acreditar que seja suficiente para o resto da sua vida. Não é possível fazer uma só refeição, por mais farta ou deliciosa, e nunca mais precisar comer. Não dá para ter uma ótima noite de sono e nunca mais dormir. Todo momento oferece mais uma oportunidade de estar presente, com atenção plena.

Assim, se conseguir permanecer totalmente no momento presente, você vai se libertar da tirania de todos os momentos passados e de todas as ideias sobre os momentos futuros.

· 108 ·
"Viva cada momento como se fosse o último"

Você vive como se tivesse todo o tempo do mundo? Ter todo o tempo do mundo é uma ilusão, é claro. Nunca se sabe o que pode acontecer – um acidente, uma doença ou um desastre. Se tivesse apenas mais alguns momentos de vida, você mudaria suas prioridades? O que faria? Aonde iria? Como iria interagir com seus familiares, amigos, entes queridos – ou mesmo com estranhos? Sério: por que não está fazendo tudo isso agora?

Muitas vezes, nossa preocupação com o passado ou o futuro nos impede de viver o presente. E, de uma maneira importante, todo momento é o nosso "último" momento. Em seu livro *Coming to Our Senses*, Jon Kabat-Zinn explica que esses últimos momentos também são, literalmente, o único lugar em que você *pode* viver. A vida é vivida agora, não importa onde a mente esteja.

A prática da atenção plena nos treina para ter consciência desses momentos. Ela o ajuda a se tornar íntimo desses momentos e a entrar em contato com eles, a chamá-los de seus. Você pode aprender a parar de ter um apreço abstrato pela vida e começar a vivenciá-la efetivamente. A prática treina a mente para ser curiosa, para ficar fascinada pelos momentos mais banais da vida – a simples percepção da respiração e das sensações corporais, o sabor do café, um dia chuvoso. A atenção plena treina a mente a se assentar e voltar ao presente – a este momento trivial.[56] Ela treina a mente a repousar no momento sem ter que correr atrás de estímulos, aquisições e histórias de uma vida que não está acontecendo agora.

Então, por que não viver plenamente o momento, este exato momento, como se fosse o último? E mais este. E mais este.

E assim continuar, um momento após o outro, após o outro, e só.

POSFÁCIO

Espero que a atenção plena e a meditação se tornem parte da sua vida e que essas metáforas o ajudem a lembrar de praticar e de dar continuidade à prática.

Que você consiga fazer sua mente cachorro se comportar e conhecer o espírito impetuoso da atenção feroz.

Que você experimente a tranquilidade de um lago de águas paradas e seja o líder da sua matilha.

Que você evite as armadilhas de macaco e se livre da sua bagagem emocional.

Que você desfrute do seu assento e amole seu machado.

Que faça amizade com seus pequenos tiranos e conheça os benefícios das suas galinhas selvagens.

APÊNDICES – INSTRUÇÕES E EXERCÍCIOS DE ATENÇÃO PLENA

Apêndice 1
Respiração consciente

Para iniciar a prática da atenção plena, sente-se em uma posição confortável. Pode ser em uma almofada no chão com as pernas cruzadas, ou em uma cadeira ou poltrona. Você pode praticar de pé, deitado ou caminhando (veja Apêndice 3, que apresenta instruções para a Meditação em Movimento). Com as costas eretas, bem apoiadas, sua respiração fluirá melhor. Experimente até encontrar uma postura e uma atitude que lhe permitam abertura, dignidade e curiosidade.

Você pode fechar os olhos ou mantê-los ligeiramente aberto, concentrando-se em um ponto a poucos metros à frente do seu corpo. Escolha um momento em que não esteja sonolento e no qual ninguém o atrapalhe. Se possível, desative as notificações ou desligue o celular.

O processo de preparação para a prática é chamado de *tomar seu assento* e consiste em assumir tanto a postura física quanto a *intenção* de entrar em contato com a experiência. Comece levando a atenção à sua respiração no momento presente e nas suas sensações físicas. Tente descrevê-las da melhor maneira possível. Ou seja, perceba suas propriedades físicas, deixando de lado suas opiniões ou preferências. Como o cartógrafo, tente não ser contra nem a favor de nenhuma característica que encontrar. Ao contrário, note cada detalhe da paisagem com a maior precisão possível.

Você pode concentrar a atenção em um ponto específico, como em seu lábio superior ou no ar entrando e saindo pelas suas narinas. Ou então pode prestar atenção à respiração de um modo mais amplo – ao processo geral da respiração –, sem perder o foco das sensações físicas. Não importa se o foco escolhido for mais amplo ou mais restrito, trabalhe com a respiração natural, da forma que o ar entra e sai de seus pulmões no momento, sem tentar interferir nela. Tomar seu assento inclui dar-se permissão para dedicar sua atenção dessa maneira. A prática consiste em trazer a atenção de volta às sensações da respiração sempre que você senti-la divagar.

Sua mente sem dúvida vai começar a divagar, o que já é esperado, mas isso não significa que você esteja fazendo algo errado ou que haja alguma coisa errada com a sua mente. É provável que a sua mente talvez não queira permanecer assentada dessa forma, e talvez você se veja precisando trazê-la de volta repetidas vezes. A prática de trazer a mente de volta repetidas vezes é fundamental para o treinamento da atenção plena.

Quando a atenção começar a se desviar da respiração, como inevitavelmente acontecerá, reconheça esse fato e, com gentileza e delicadeza, traga-a de volta à respiração. Divagar é natural, acontece com todo mundo. Assim, preste atenção nesse processo de se afastar da respiração e voltar a ela. Ao fazê-lo, você vai começar a se familiarizar com esse ir e vir da atenção e a cultivar a paciência e a gentileza consigo mesmo.

Usar a respiração como objeto de meditação tem suas vantagens. Primeiro, a respiração está sempre com você e sempre disponível como objeto da sua atenção. É impossível esquecê-la em algum lugar; você não precisa de acessórios ou condições especiais para meditar. A respiração é sua companheira, aliada e amiga – sempre. Se não estiver respirando, você tem problemas maiores para resolver no momento!

Em segundo lugar, a respiração é uma boa escolha porque ter consciência dela nos coloca em contato com o corpo, e o corpo vive no momento presente. Concentrando-se na respiração, você volta a atenção ao corpo e à sabedoria do presente. Essa volta às sensações do corpo lhe permite tirar o foco da consciência das histórias sobre o futuro e o passado e de comentários críticos negativos do presente, e trazê-lo para o que está de fato ocorrendo no momento. Sempre há sensações no corpo e isso é o que constitui a experiência do agora.

Em terceiro lugar, sua respiração costuma ser um reflexo do estado emocional em que você se encontra. A ansiedade e o estresse afetam a respiração. Perceber regularmente as sensações da respiração cria um sistema de alerta inicial capaz de avisá-lo que a ansiedade ou o estresse podem estar batendo à porta.

Enquanto nos concentramos na respiração, outras sensações corporais podem vir à tona em busca de atenção. Talvez sejam sentimentos desconfortáveis ou alguma dor. Se isso acontecer e você conseguir trazer a atenção de volta à respiração, faça isso. No entanto, se a sensação for particularmente intensa, permita que a consciência da respiração fique em segundo plano e que a atenção repouse na sensação intensa por um momento. Você pode até mesmo tentar permitir que a respiração se junte a essa sensação e imaginar a respiração fluindo por ela. Surgirão também sons competindo pela sua atenção. Veja se é possível deixá-los lá, ao lado das sensações da respiração, sem ter que prestar atenção neles. Repito, não resista ao que está acontecendo. Tente voltar ao abraço acolhedor da respiração.

Se começar a se sentir desconfortável na posição em que estiver sentado, veja se é possível deixar o desconforto de lado e trazer a atenção de volta à respiração. No entanto, é melhor não se deixar consumir pelo esforço; afinal, não há qualquer virtude inerente em permanecer totalmente imóvel. Se precisar mudar de posição, faça-o com intenção, consciência e delicadeza. Em outras palavras, ao se mexer, faça-o com atenção plena. A essência dessa prática está em não lutar com a sua experiência e não resistir ao que está presente. Tente se abrir totalmente à sua experiência em cada momento.

Outra distração comum são sentimentos de impaciência, inquietação ou tédio. Normalmente, isso acontece quando a mente se projeta no futuro ou tenta transformar essa prática em algo além de simplesmente perceber a respiração. É possível reconhecer esses sentimentos sem cair na história deles. Em resposta à impaciência, à inquietude e ao tédio, você pode dar a si mesmo a permissão de estar com a respiração e voltar ao presente sem ter que fazer deste momento nada diferente do que ele realmente é.

Volte ao momento à medida que ele se desenrola. Você está aprendendo sobre sua mente e sobre como ela funciona, sobre os pensamentos, sentimentos, sensações e imagens que surgem, e está constatando que existe uma tendência a se afastar do momento presente. Em resposta, tente dar a si mesmo permissão para não se sentir frustrado nem desestimulado. Continue trazendo a atenção de volta às sensações da respiração. Esta é a prática.

Lembre-se: você pode ter consciência da sua respiração a qualquer momento, não apenas ao se sentar para meditar. Ao longo do dia, várias vezes ao dia, você pode tentar se lembrar disso. Você pode entrar em contato com a respiração, levando a consciência a alguns ciclos de respiração enquanto lida com seus afazeres ou em alguma situação estressante. Pode voltar ao momento presente prestando atenção na sua respiração. Volte à prática formal que acabei de descrever como uma maneira de fortalecer sua consciência e sua capacidade de se lembrar de estar presente, com plena atenção, a todo o restante da sua experiência (para saber mais sobre Prática Informal, consulte o Apêndice 5).

Apêndice 2
Meditação da varredura corporal

A atenção plena das sensações corporais, ou meditação da varredura corporal, dá continuidade à prática básica da respiração consciente e a estende ao corpo inteiro. A varredura pode ser realizada sistematicamente como um "tour guiado" pelo corpo. Ela pode ser feita também com o corpo como um todo, prestando atenção nas suas sensações à medida que elas surgirem. Ou você pode fazer uma varredura do corpo inteiro, da ponta dos dedos do pé até o alto da cabeça e de volta.

A varredura corporal é a prática de prestar atenção intensamente nas sensações que ocorrem por todo o corpo, inclusive as da respiração. É uma forma de explorar a experiência completa do corpo exatamente como ele se encontra no momento da prática. Semelhante à respiração consciente, é uma forma de explorar a sua experiência com curiosidade e lhe oferece a oportunidade de estar totalmente presente na experiência, à medida que ela se desenrola, momento a momento.

A varredura também é uma oportunidade para praticar a atenção plena, "tomando seu assento" na postura deitada ou sentada. Tente praticá-la diariamente. Se optar por se deitar, encontre uma superfície confortável, com boa sustentação, que não seja nem dura nem mole demais. Repouse os braços ao lado do corpo e relaxe as pernas, deixando os pés caírem para os lados. Entregue seu corpo à superfície, permitindo-se ser sustentado por ela. Se estiver sentado, escolha uma cadeira confortável em que possa se sentar com as costas eretas ou uma almofada no chão, e observe seu corpo nessa posição.

A postura deve ser confortável e lhe oferecer algum apoio para esta prática. Assim como na respiração consciente, a postura é secundária; o que importa é a intenção que você leva para a prática. Escolha um momento em que não esteja sonolento e no qual ninguém o atrapalhe. Se possível, desative as notificações ou desligue o celular.

Ao mover a atenção ao longo do corpo, tente seguir estas orientações. Você pode observar tanto as sensações óbvias quanto as mais sutis. Em algumas áreas, talvez não perceba muita coisa. Não faça disso um problema. Você vai perceber diferentes sensações no corpo a cada vez que levar sua atenção a ele. Esforce-se para acolher tudo que surgir ou deixar de surgir com atenção e de braços abertos. Tente ser um bom anfitrião para a sua experiência, qualquer que seja ela no momento.

Que tipos de sensações estão presentes em cada região do corpo? Você pode notar formigamento, calor, sensações sutis ou intensas, ou simplesmente nada. As sensações podem ser observadas na superfície do corpo ou em seu interior. Lembre--se de acolher tudo que vier com aceitação e curiosidade. Essa é a abordagem geral. Ao mover a atenção ao longo do corpo, você o examinará em todos os detalhes. Não se trata de observar a ideia do corpo, mas sim as sensações reais.

Ao percorrer as regiões do corpo, tente prestar atenção na parte que constituir seu foco no momento. Entretanto, de tempos em tempos, outras sensações podem competir pela sua atenção. Pode surgir algo que você identifique como dor e demandar sua atenção. Se isso ocorrer, você pode deixar essa sensação estar presente e levar a atenção de volta à região do seu foco. Se for intensa o suficiente a ponto de lhe causar distração, leve sua atenção até lá e lhe dedique exclusividade. Explore a sensação e a descreva no nível físico, observando o que estiver presente e tudo o que sentir. O objetivo aqui é ser descritivo (por exemplo, "agudo", "entorpecido", "latejante", "tenso") sem julgamentos ("Não acredito que está doendo tanto!", "Essa dor está acabando com o meu dia!"). Depois de explorar um pouco a dor, tente levar a atenção de volta à região que é o foco do momento na sequência da varredura corporal.

Sempre que a mente divagar e sua atenção se desviar para histórias, comentários, pensamentos ou preocupações, leve-a de volta às sensações do que está acontecendo no corpo no exato momento. Se, em algum instante, as sensações em qualquer parte se tornarem intensas demais ou demasiadamente difíceis de abordar, você pode sempre levar a atenção de volta para a respiração. A respiração que ocorre em segundo plano é a sua companheira mais leal – o refúgio ao qual você pode sempre voltar e onde pode se ancorar para se reconectar consigo mesmo.

Você pode fazer a prática de acordo com a sequência a seguir ou desenvolver uma sequência própria: comece levando a atenção ao interior da sua experiência, ao processo de respiração, ao aspecto físico da respiração – as sensações causadas pelo movimento nos lábios, no nariz, na garganta, no tórax e no abdômen. Leve sua atenção para a respiração sem tentar controlá-la de forma alguma, sem tentar transformá-la numa respiração de relaxamento nem na sua ideia do que deveria ser a respiração durante a meditação. Permita que ela continue exatamente como está, dedicando-lhe sua total atenção. Tente ser curioso em relação a ela; que sensações ela provoca? Dedique sua atenção plena ao processo de respiração, permitindo que a consciência se mescle à respiração e se desligue do pensamento, do planejamento, da expectativa, do futuro e do passado.

Quando a mente divagar, o que certamente acontecerá, perdendo-se em devaneios de planejamento, comentários e falatório interior, leve-a de volta ao aqui e agora da respiração, às suas qualidades físicas e sensações. Lembre-se de ser gentil consigo mesmo e entender que sua mente, como a de todos nós, vagueia. É isso que a mente faz. Não custa repetir: *Todas as mentes vagueiam*.

O objetivo desta prática não é manter uma concentração perfeita e ininterrupta, mas notar as atividades extracurriculares da mente e o ir e vir da atenção. Sempre que a mente viajar, traga-a de volta. A meta é perceber que ela se distraiu e trazê-la de volta, repetidamente. Tente fazer isso sem impaciência, sem frustração. O objetivo é ser gentil consigo mesmo. Partindo da respiração, direcione sua atenção aos dedos do pé esquerdo; observe o que está acontecendo lá. Agora, com essa mesma curiosidade, leve sua atenção para o tornozelo. Vá subindo pela parte inferior da perna, explore a panturrilha, a canela, depois o joelho, e assim por diante. A sequência vai do joelho para a coxa, depois de volta para a perna como um todo, movendo a atenção do alto da coxa até a ponta dos dedos do pé e depois de volta. Após mover a atenção por toda a perna esquerda, passe à direita e comece tudo de novo. Repita a sequência na perna direita. Em seguida, leve sua atenção para a região pélvica, incluindo as nádegas, os órgãos genitais e o quadril.

Da região pélvica, passe para o tronco, investigando as regiões lombar e abdominal. Ao voltar à região abdominal, você vai notar novamente o processo de respiração. Talvez note o abdômen se expandindo com o ar e o movimento do diafragma. Passe então à região do esterno e dorsal; sinta, mais uma vez, a respiração se movendo nessa parte do corpo. Permita-se respirar normalmente e sinta as sensações do centro do corpo para o meio das costas.

Agora explore a parte superior das costas, as omoplatas e o tórax – toda a parte de cima do tronco. Sinta o tronco inteiro de uma só vez; a região lombar, dorsal e cervical, o abdômen e o tórax.

Talvez você sinta algum desconforto no corpo; essa é a sua oportunidade de analisá-lo e observar de que são compostas essas sensações. Ao investigar o desconforto, faça-o com a curiosidade de um cientista estudando um fenômeno. Se a sensação for intensa, você pode observar sua intensidade, em vez de se deixar envolver pela história da sensação ou pelo rótulo que lhe é atribuído. Esteja presente na experiência.

Do tronco, passe para as mãos, prestando atenção aos dedos da mão esquerda e da direita; observe as sensações em cada um dos dedos, depois nas palmas e no dorso das mãos. Em seguida, leve sua atenção para os pulsos, os antebraços, os braços, os ombros e os músculos em volta do pescoço. Sinta os braços, da ponta dos dedos aos ombros. Passe para o pescoço, primeiro a parte da frente, depois a parte posterior. Mais uma vez, sinta a presença da respiração no interior do corpo. Em seguida, a garganta inteira; note as sensações e a energia presentes.

Lembre-se de manter a atenção fluida e curiosa. Permita que a consciência dos braços, ombros e pescoço fique em segundo plano e leve sua atenção da garganta para a mandíbula e os dentes. Investigue a boca, a língua, os lábios, a bochecha, o nariz, os olhos e as orelhas. Das orelhas, passe para a cabeça, o couro cabeludo, a cabeça inteira. Torne a sentir a respiração, o ar passando pelas cavidades nasais, pela boca, depois pela cabeça como um todo.

Da cabeça, leve sua atenção para o corpo inteiro em um movimento fluido de varredura. Passe da cabeça ao pescoço e ombros, aos braços, tronco, tórax e abdômen, às costas, à pélvis, às pernas, aos joelhos, pés, dedos dos pés, depois percorra o caminho de volta subindo pelas pernas e joelhos, quadris, tronco, ombros, braços, pescoço, garganta e cabeça. Mantenha a atenção fluida, em movimento e observe todas as sensações ao percorrer o corpo todo, de cima para baixo, de baixo para cima.

Ao realizar a prática por conta própria, é você quem determinará seu ritmo. Tradicionalmente, uma sessão de meditação de varredura corporal leva aproximadamente 40 minutos, mas você pode lhe dedicar mais ou menos tempo, dependendo de sua disposição e de sua disponibilidade no momento. Mesmo uma sessão breve será útil.

Ao concluir a meditação de varredura corporal, você terá investigado a sua experiência do corpo exatamente como ele existe no agora. A prática traz clareza e curiosidade a respeito do seu corpo. Espero que essa meditação se torne parte da sua rotina diária.

Apêndice 3
Meditação em movimento

A meditação em movimento é outra prática básica de atenção plena e oferece a oportunidade de praticar enquanto você caminha e realiza as tarefas do seu dia. Ela pode ser realizada como uma prática em si ou em combinação com a respiração consciente. Por exemplo, sente-se para uma respiração consciente durante 30 a 45 minutos e, em seguida, faça uma caminhada de quinze minutos, em ciclos recorrentes.

A prática da caminhada consciente pode ser realizada de duas formas. Uma delas é caminhar em ritmo normal e prestar atenção às sensações no corpo durante a caminhada. Assim como na respiração consciente, leve sua atenção de volta a essas sensações ou à respiração sempre que sua mente começar a divagar. A alternativa é fazer uma caminhada bem lenta, coordenando os passos com o processo da respiração.

Numa das variações dessa prática, você dá um passo inspirando e outro expirando. Continue caminhando assim, coordenando os passos com a respiração, dando um passo ao inspirar e outro ao expirar. Os passos devem ser coordenados com a respiração, e não o contrário. O processo de coordená-los com a respiração também pode ser ainda mais lento. Ao inspirar, levante um pé; ao expirar, apoie-o no chão. Para tornar a prática mais lenta ainda, ao inspirar, levante o calcanhar do chão; ao expirar, tire os dedos do chão e mova o pé. Na inspiração seguinte, apoie o pé no chão. Experimente com diferentes formas e ritmos. Quando estiver mais agitado, pode ser útil reduzir ao máximo o ritmo da caminhada coordenada à respiração. Quando estiver mais sonolento ou cansado, pode ser bom caminhar em um ritmo mais vigoroso.

Assim como na respiração consciente e na meditação de varredura corporal, o principal da prática é focar nas sensações do corpo e na experiência do caminhar e do movimento, não nos pensamentos sobre o processo ou nas histórias que a mente conta. Lembre-se, o que importa não é a *ideia* da caminhada, mas a *experiência* real.

A caminhada lenta pode ser realizada em um "circuito" montado no chão ou em um círculo. Também é possível fazê-la ao ar livre, mas é bom saber que uma caminhada muito lenta pode chamar a atenção das pessoas. Para caminhar em um circuito, separe um local da casa, uns 3 ou 4 metros, em linha reta. Faça a caminhada seguindo essa linha; ao chegar ao fim, pare e faça uma respiração consciente. Então vire-se com toda a atenção e percorra o caminho de volta. A caminhada circular proporciona um movimento contínuo. A distância pode ser ajustada conforme o necessário. Lembre-se, porém, de que você não pretende *chegar* a lugar algum, portanto o objetivo não é dar mais passos ou aumentar a distância.

Quaisquer que sejam o ritmo ou estilo escolhidos, mantenha a continuidade da consciência e o contato com a respiração e, quando a atenção divagar, leve-a gentilmente de volta à experiência de caminhar e respirar.

Sempre que se distrair, traga a atenção de volta ao corpo. Acompanhe o movimento, passo a passo. Essa prática de meditação em movimento é a atenção plena em ação e lhe oferece uma maneira "portátil" de praticar. Ela pode ser realizada em praticamente qualquer lugar, a qualquer hora. Pode ser particularmente útil se você estiver em algum lugar e precisar esperar – basta que possa caminhar. Pode ser realizada também ao longo do seu dia, enquanto você vai de um lugar a outro, ou mesmo em casa, de um cômodo a outro, no escritório ou no trajeto entre seu carro e seu destino.

Você não está tentando chegar a lugar nenhum nem alcançar nada. Está simplesmente sendo e caminhando.

Apêndice 4
Atenção plena no relacionamento

Se estiver em um relacionamento, você pode experimentar os seguintes exercícios com seu parceiro ou parceira. Também é possível realizá-los com um amigo ou familiar.

Sentem-se em silêncio, um de frente para o outro, tentando estar presentes com plena atenção e voltando à respiração sempre que a mente contadora de histórias começar a formar pensamentos. Você pode começar de olhos fechados e, em seguida, abri-los. Mantenha a atenção no olhar, nas sensações e no ouvir.

Em seguida revezem-se descrevendo todas as coisas de que estão conscientes no momento. Por exemplo, você pode descrever as sensações da cadeira nas nádegas, alguma inibição que estiver sentindo na hora do exercício, se está calor ou frio, e assim por diante. Enquanto isso, a outra pessoa permanece em silêncio, observando, sentindo e ouvindo.[57]

Depois troque e será a vez da outra pessoa.

Descreva um acontecimento relativamente neutro que tenha ocorrido no dia, talvez o que você comeu no almoço ou um incidente trivial no trabalho. Ao descrever o evento, tente estar presente e atento às sensações, como fez antes. Será difícil, e você perceberá que a mente se perde com certa frequência. Com paciência, traga a atenção de volta e continue tentando. Durante um exercício interativo como esse, você verá também que precisa desacelerar um pouco para se manter conectado, com atenção plena aos seus sentimentos e sensações.

Revezem-se na descrição desse acontecimento neutro. Na

próxima rodada, passe à descrição de algum evento que tenha certa carga emocional, talvez um sentimento difícil relacionado a outra pessoa; por exemplo, seu chefe ou seu filho. Siga em frente com a descrição, tentando se manter em contato com as sensações do corpo. A respiração é um bom alvo. Com a prática, você sentirá como se estivesse falando através da respiração.

Esta prática proporciona dois benefícios principais. O primeiro é que o ajuda a ser menos reativo, criando oportunidades para fazer pausas. O segundo benefício é que, ao ajudá-lo a ser menos reativo, as interações sociais e situações difíceis serão menos estressantes. Falar através da respiração serve como uma espécie de "amortecimento". Depois de muita prática, e quando conseguirem manter certo grau de consciência por meio das interações anteriores, você e seu parceiro ou parceira poderão passar a questões cada vez mais difíceis. A atenção plena aplicada nesse contexto ajuda a criar limites saudáveis entre as pessoas, baseados no respeito e no reconhecimento da autonomia do outro.

Quando é capaz de estar atento e consciente, você mostra ao seu parceiro ou parceira que será o guardião da solidão dele ou dela naquele momento, ao se aproximar sem segundas intenções e em sintonia com o que está acontecendo no presente.

Apêndice 5
Prática informal

Um dos maiores desafios para integrar a atenção plena à vida cotidiana é encontrar tempo para a prática. A prática formal da meditação "na almofada" – seja sentado, em movimento, deitado ou de pé – é fundamental para criar uma base de atenção plena que possa ser cultivada na vida cotidiana. Felizmente, além do tempo que você pode encontrar em sua vida agitada para a prática formal, existem inúmeras oportunidades para a prática informal. Na verdade, muitos momentos da sua vida podem se tornar oportunidades para praticar e cultivar a atenção plena.

Pense em um dia típico na sua vida. Você acorda, toma banho, se veste, come, se desloca até o trabalho, caminha, prepara suas refeições e lava louça. Todas essas atividades podem ser oportunidades para a prática. Qualquer atividade pode ser realizada com atenção plena, basta trabalhar intencionalmente com sua mente contadora de histórias. Você simplesmente busca concentrar toda a sua atenção no que está acontecendo no momento. A mente contadora de histórias provavelmente não vai respeitar seu esforço e vai começar a elaborar sobre eventos passados ou especulações futuras. Preste atenção na passagem do aqui e agora da atividade em questão para os pensamentos da mente contadora de histórias. Traga a atenção de volta ao que está acontecendo com toda a gentileza e generosidade. Monitore-se dessa maneira.

Tudo se resume a uma escolha que você pode fazer, em qualquer dado momento, de estar desperto para a sua experiência. A mente contadora de histórias normalmente se envolve com coisas que não são tão interessantes assim. Quando estamos ansiosos, o falatório constante da mente conta histórias de arrependimento e preocupação, e nós certamente nos sentimos melhor sem isso.

Tente incorporar essas oportunidades de estar desperto e praticar a atenção plena ao longo do dia. Ao caminhar, esteja presente e atento às sensações do corpo; ao tomar banho, esteja presente e atento à experiência do banho, à sensação da água e dos sons ao seu redor; ao se vestir, esteja presente e atento ao ato de se vestir; ao comer, esteja atento e presente ao ato de comer; ao dirigir, esteja atento e presente à experiência de dirigir, dedicando toda a sua atenção à vivência do momento, prestando total atenção no que vê e ouve ao seu redor e às sensações do corpo; ao caminhar de um lugar para outro, esteja atento e presente ao ato de caminhar, às coisas que vê e ouve, aos aromas que sente enquanto caminha e às sensações do corpo, inclusive sua respiração.

No trabalho, você tem muitas oportunidades de estar atento e presente. Use a tecnologia a seu favor e programe seus compromissos com atenção plena. Tente separar uma parte de cada hora, talvez cinco minutos, para se sentar e estar atento à sua respiração e às sensações do corpo. Tente dedicar toda a sua atenção à tarefa em questão, seja ela uma reunião de trabalho ou uma conversa com um cliente. Com certeza haverá muitas oportunidades de estar atento e presente ao caminhar de um lugar a outro, ao se sentar à sua mesa ou a fazer qualquer tarefa de trabalho.

Ao realizar essas várias atividades, você pode prestar atenção na experiência em si, na sensação geral de trabalhar, caminhar ou lavar a louça. Pode prestar atenção também nas sensações do corpo e na respiração que acompanha a experiência. A atenção pode passar com tranquilidade de um lugar de foco para o próximo. O segredo está em não se deixar levar pela mente contadora de histórias.

Pratique a atenção plena sempre que surgirem momentos de tensão ao longo do dia. Roube algumas respirações da mente contadora de histórias para criar uma mudança notável no seu bem-estar. Você pode também levar sua atenção a atividades específicas que sejam adequadas a propiciar a atenção plena, como ouvir música, ler poesia, apreciar obras de arte e comer.

O ato de comer nos proporciona uma oportunidade especial de praticar a atenção plena. Tente prestar total atenção no que come. Esteja atento ao aspecto da comida, ao seu cheiro e aos sons ao redor, além do sabor em si. Seria bom experimentar comer lentamente, para desfrutar as qualidades sensoriais do alimento. Quando sua mente começar a divagar, retome a atenção.

Aproveite!

AGRADECIMENTOS

Este livro é dedicado a todos os meus pacientes e alunos do passado e do presente. As metáforas apresentadas nasceram do trabalho que amo fazer, e vocês foram fundamentais para que eu pudesse reuni-las aqui. Gostaria de agradecer especialmente a James Julian, Ph.D., meu orientador na pós-graduação, que me apresentou o livro que teve o maior impacto na minha carreira, *Metáforas da vida cotidiana*, que também serviu de base para este livro. Meus sinceros agradecimentos a Elinore Standard, cuja edição firme e encorajadora contribuiu para tornar esta obra mais clara e concisa. Agradeço também às minhas amigas Polly Young-Eisendrath, Trina Hikel e Sondra Solomon pela leitura, pelos comentários e pelo estímulo. Agradeço aos meus alunos Emily McLaughlin, Stephanie Pollack e Brittany Porter pela cuidadosa leitura dos originais e pelas contribuições editoriais. O reverendo Taihaku Gretchen Priest e Shinzen Young – dois professores com quem tive a sorte de aprender – merecem um agradecimento especial pela leitura da versão inicial desta obra. Agradecimentos especiais também a Larry Rosenberg, pelos anos inspiradores de ensinamentos e orientações.

Meu editor na Wisdom, Josh Bartok, merece agradecimentos especiais por reconhecer o valor deste livro e por sua edição paciente e detalhada.

NOTAS

1. O uso da metáfora em psicoterapia é explorado em Kozak 1992. O artigo foi uma das minhas teses no mestrado e também agraciado com o Student Award Winner, APA Division 24: Theoretical and Philosofical Psychology (competição nacional de artigos notáveis de estudantes, prêmio apresentado na 1992 APA Convention).

2. Jaynes 1976, p. 52, discutiu a experiência sentida do significado: "Entender algo é chegar a uma metáfora para aquela coisa, representando-a por algo que nos é mais familiar. E a sensação de familiaridade é a sensação de compreensão."

3. Conforme a argumentação em Gallese e Lakoff 2005, e Lakoff e Johnson 1999.

4. De maneira análoga, o filósofo Friedrich Nietzsche reconheceu que a atividade mental básica da categorização se sustenta em metáforas. Por exemplo, a mente tem um conceito "metafórico" para folha que reconhece todas as folhas, embora não existam duas folhas exatamente iguais. Nietzsche também acreditava que a metáfora tinha profundas implicações em nossa maneira de perceber e vivenciar o mundo, e que muito do que é considerado linguagem literal na verdade são metáforas antigas e desgastadas.

5. Jaynes 1976, p. 51, afirma que "constitui uma agradável surpresa o fato de a conjugação irregular do verbo mais não descritivo da língua inglesa ser um registro de uma época em que o homem não dispunha de uma palavra independente para 'existência' e só conseguia dizer que algo 'cresce' ou 'respira'".

6. Por suas propriedades singulares, o número 108 sempre atraiu a atenção dos matemáticos. Por exemplo, os ângulos internos de um pentágono equilátero medem 108 graus cada. O número também é considerado sagrado no hinduísmo, no budismo e também em outras religiões. Sabe-se que deidades hindus como Shiva têm 108 nomes, e um *japa mala* (aquele colar semelhante a um rosário) tem 108 contas. Esse é também o número de *arhats*, ou seres iluminados, no budismo, e dos pecados ou impurezas da mente no budismo tibetano. As origens do número 108 são especulativas, mas o número pode representar suas propriedades matemáticas intrínsecas, como o fato de ser o produto de 11 por 22 por 33 ou, talvez, a distância relativa da Terra até a Lua (aproximadamente 108) e a distância relativa da Terra ao Sol: o equivalente a 108 vezes o diâmetro do Sol (e também o número de vezes que o diâmetro do Sol é maior do que o diâmetro da Terra). Por considerar que o mindfulness vem das tradições budistas, achei apropriado usar o número 108.

7. Lakoff e Johnson 1999, p. 235.

8. Lakoff e Johnson 1999, p. 5, revelam que "seres humanos de carne e osso não têm, em sua maioria, controle consciente sobre o próprio raciocínio – nem mesmo estão conscientes do processo. Ademais, grande parte de seu raciocínio se baseia em diversos tipos de protótipos, enquadramentos e metáforas. As pessoas raramente utilizam uma forma de raciocínio econômico que possa maximizar a utilidade".

9. Lakoff e Johnson 1999, p. 20, argumentam que a categorização é restrita pela estrutura física dos sistemas neurais humanos. Por exemplo, o olho humano reduz informações numa fração de 100 para a 1. Não podemos lidar com todas as informações disponíveis a cada dado momento. Na melhor das hipóteses, notamos apenas uma fração do que quer que esteja acontecendo.

10. James 1911, p. 51.

11. A expressão vem de uma palestra sobre dharma proferida por Larry Rosenberg na Insight Meditation Society em agosto de 1962. O *gala* completo é:

>A mente cachorro corre atrás do osso.
>A mente macaco pula de galho em galho.
>A mente leão é inabalável.
>A mente aranha tece infinitas teias.

12. O conceito também é discutido em Rosenberg 1998, p. 22.

13. Veja, por exemplo, Magid 2002.

14. Siegel 2007, p. 105-106.

15. Essas distinções foram criadas por Young 2007.

16. Charles Tart (1994, p. 73), psicólogo e escritor especializado em consciência, afirmou o seguinte:

> Vivemos sob um contrato social implícito. A maioria das pessoas está adormecida, é relativamente desatenta, vive sonhando acordada porque essa foi a melhor maneira que encontramos para nos proteger do sofrimento, dos ataques irracionais à nossa essência quando éramos crianças. As pessoas que começam a mostrar sinais de despertar causam enorme desconforto a pessoas que ainda tentam se defender a todo custo e que estão profundamente adormecidas.

17. Glassman 2003.

18. "Você já olhou bem para si nos últimos tempos? Tem um eu oculto que tenta proteger ou que é tão horrível que não deseja que ninguém conheça? Se alguma vez já refletiu sobre questões como essa, você tem vivido de acordo com modelos inconscientes do que é o eu e certamente não poderia ter uma vida de introspecção sem fazê-lo." (Lakoff e Johnson 1999, p. 10)

19. Segundo Lakoff e Johnson (1999, 268):

O sujeito é o locus da nossa consciência, da experiência subjetiva, da razão, da vontade e da nossa "essência", de tudo aquilo que nos faz ser quem somos, com toda a nossa singularidade. Existe pelo menos um Eu, quiçá mais de um. Os Eus consistem em todo o restante sobre nós – nosso corpo, nossa função social, nossas histórias, etc.

20. Lakoff e Johnson, 1999, ênfase no original.

21. Jaymes 1976, p. 23.

22. Suzuki 1970, p. 134.

23. Kabat-Zinn 2005, p. 321-329.

24. Sogyal Rinpoche 1995, entrada de 19 de abril.

25. Pinker 1997, p. 58.

26. As pesquisas sobre intervenções baseadas na atenção plena para lidar com transtornos psiquiátricos diagnosticáveis apontam eficácia na administração de transtornos da ansiedade, na prevenção da recorrência da depressão grave, no tratamento de transtorno obsessivo-compulsivo, de transtornos alimentares, de abuso de substâncias, de transtorno da personalidade borderline, etc.

27. Sempre acreditei que o slogan da Ben & Jerry's, "Se não for divertido, de que adianta?", precisava de uma advertência sobre responsabilidade.

28. Suzuki 1970, p. 63.

29. Rilke 1975 p. 28, itálico no original.

30. Ram Dass, conhecido também como Richard Alpert, Ph.D., foi um professor de psicologia da Universidade Harvard no início da década de 1960. Ele e seu colega Timothy Leary foram demitidos por livre experimentação com LSD. Mais tarde, Ram Dass foi para a Índia estudar yoga e posteriormente voltou aos Estados Unidos, tornando-se escritor e pro-

fessor. Seu livro mais famoso, *Be Here Now*, vendeu mais de um milhão de exemplares.

31. Um pesquisador, Taylor 2006, sugeriu uma alternativa à luta e fuga chamada "*tend and befriend*", ou "cuidar e fazer amizade", que pode ser mais característico das fêmeas de uma espécie.

32. "Cérebro herdado" se refere à descoberta de que os seres humanos evoluíram em um meio que existiu há 100 mil anos.

33. Para saber mais sobre o estresse, recomendo a leitura do livro *Why Zebras Don't Get Ulcers*, de Sapolsky, uma obra acessível de autoria de um dos maiores pesquisadores do estresse, e *The End of Stress as We Know It*, de McEwan e Lasley, também pesquisadores do estresse.

34. Letra da canção de Jimmy Hendrix, "Crosstown Traffic", do álbum *Electric Ladyland*, de 1968.

35. Da canção do grupo Radiohead, "How to Disappear Completely", do álbum *Kid A*, de 2000.

36. Dickens, s/d.

37. Taleb 2001, p. 57.

38. Chögyam Trungpa 1996, p. 54.

39. Veja Segal, Williams e Teasdale 2003.

40. Sendo assim, como podemos olhar para alguma coisa durante um bom tempo sem que ela desapareça? Segundo Passer e Smith 2004, p. 114, uma característica fascinante da visão explica isso – a imagem na retina se movimenta constantemente. Ao fazê-lo, impede a habituação. Não estamos conscientes desse movimento, mas os psicólogos elaboraram experimentos inteligentes que podem estabilizar o movimento da imagem que chega à retina e... *voilá*, a imagem desaparece! Para criar uma imagem estabilizada na retina, o participante do experimento usa uma lente de contato especial na qual há um pequeno projetor aco-

plado. Apesar dos movimentos normais do olho, as imagens são projetadas na mesma região da retina. Quando o experimento é realizado, em um primeiro momento, a imagem é clara, mas em seguida começa a desaparecer e reaparecer à medida que os receptores da retina se cansam e se recuperam.

41. Suzuki 1970, p. 36.

42. Suzuki 1970, p. 21.

43. Tanto na escrita acadêmica quanto nos meios de comunicação, é comum que os termos *emoção* e *sentimento* sejam usados de forma intercambiável. Brown e Kozak (1998) argumentam que existem distinções funcionais entre sentimento e emoção. No exemplo em questão, o que Data está relatando seria considerado sentimento, não emoção.

44. Suzuki 1970, p. 31.

45. Khyentse 2007.

46. A história do criado que servia chá foi apresentada em Kornfield 1998.

Não é muito difícil encontrar pequenos tiranos no nosso dia a dia. A vida se encarrega de oferecê-los em abundância. Isso, porém, não deve ser encarado como um estímulo para continuarmos presos a relacionamentos abusivos ou disfuncionais, por exemplo. Ao contrário, reflete a sabedoria contraintuitiva de que, quaisquer que sejam as circunstâncias, há sempre algum ensinamento. Às vezes, é impossível evitar o relacionamento, como ocorreu quando os chineses invadiram o Tibete em 1949. Na época, Mao Tse Tung se tornou o pequeno tirano de Sua Santidade, o Dalai Lama.

47. Na verdade, o Buda não se via como o fundador de uma religião, tampouco considerava religiosas as práticas que ensinava. Uma descrição mais precisa seria um processo de autoinvestigação científica. O Buda desestimulava seus discípulos a aceitarem o que quer que fosse por pura fé e exigia que todos os seus alunos testassem, eles mesmos, as coisas.

48. A história de Kisa Gotami foi narrada por Goss e Klass 1997.

49. Extraído do poema "Décima Elegia a Duíno", Rilke 1989, p. 205, traduzido para o inglês por Stephen Mitchel.

50. Os três objetivos dos movimentos do aikido foram apresentados em um artigo de Stevens 2007, p. 70.

51. Tradução para o português: T.S. Eliot. *Poesia*. Trad. Ivan Junqueira. Rio de Janeiro: Nova Fronteira, 1981.

52. Trungpa 1996.

53. A metáfora do machado vem de Young 2005.

54. A descoberta das 10 mil horas vem de pesquisas realizadas por Ericsson et al 1993.

55. Davidson et al 2003.

56. Não se quer dizer com isso que você não deva ter objetivos, ambições e aspirações. O planejamento pode ser uma atividade realizada no presente. Refiro-me à tendência contraproducente de desejar que as coisas tivessem sido diferentes.

57. O exercício de sentir, olhar e ouvir foi extraído de Charles Tart 1994, p. 56. Se pensar bem, em qualquer dado momento você está fazendo uma ou duas dessas coisas, ou todas as três. Haverá coisas a ver (desde que você esteja de olhos abertos), coisas a ouvir e sensações no corpo.

OBRAS CITADAS

Armstrong, Karen. *Buddha*. Nova York: Penguin, 2001. Edição brasileira: *Buda*. Rio de Janeiro: Objetiva, 2001.

Brown, Terrance A. e Arnold Kozak. Emotion and the possibility of psychologists entering into heaven. In *What Develops in Emotional Development?*, org. Michael F. Mascolo e Sharon Griffin, 135-55. Nova York: Plenum Press, 1998.

Castañeda, Carlos. *Fire from Within*. Nova York: Pocket, 1991. Edição brasileira: *O fogo interior*. Rio de Janeiro: Record, 1984.

Chödrön, Pema. *The Places that Scare You*. Boston: Shambhala, 2002. Edição brasileira: *Os lugares que nos assustam*. Rio de Janeiro: Sextante, 2003.

Davidson, Richard J., Jon Kabat-Zinn, Jessica Schumacher, Melissa Rosenkranz, Daniel Muller, Saki F. Santorelli, Ferris Urbanowski, Anne Harrington, Katherine Bonus e John F. Sheridan. 2003. Alterations in brain and immune function produced by mindfulness meditation. *Psychosomatic Medicine* 65: 564-70.

Dawkins, Richard. *The God Delusion*. Nova York: Houghton Mifflin,

2006. Edição brasileira: *Deus – Um delírio*. Rio de Janeiro: Companhia das Letras, 2007.

Dickens, Charles. *A Christmas Carol*. Extraído em 27 de junho de 2007 de http://www.literature.org/authors/dickens-charles/christmas-carol/chapter-01.html. Edição brasileira: *Um conto de Natal*. Porto Alegre: L&PM, s/d.

Eliot, T.S. 1943. *Four Quartets*. Nova York: Harvest. Edição brasileira: *Poesia*. Trad. Ivan Junqueira. Rio de Janeiro: Nova Fronteira, 1981.

Epstein, Mark. 2001 (março/abril). All You Can Eat. *Yoga Journal*. Extraído em 27 de junho de 2007 de http://www.yogajournal.com/lifestyle/11.

Ericcson, K. Anders, Ralf Th. Krampe Clemens Tesch-Romer. 1993. The role of deliberate practice in the acquisition of expert performance. *Psychology Review* 100 (3): 366–406.

Fronsdal, Gil. *The Dhammapada*. Boston: Shambhala, 2005. Edição brasileira: *O Dhammapada*. São Paulo: Pensamento, 2010.

Fischer-Schreiber, Ingrid, Franz-Karl Ehrhard e Michael S. Diener. *The Shambhala Dictionary of Buddhism and Zen*. Boston: Shambhala, 1991.

Germer, Christopher K., Ronald D. Siegele Paul R. Fulton, org. *Mindfulness and Psychotherapy*. Nova York: Guilford, 2005. Edição brasileira: *Mindfulness e psicoterapia*. Porto Alegre: Artmed, 2016.

Gallese, Vittorio e George Lakoff. 2005. "The brain's concepts: The role of the sensory-motor system in conceptual knowledge". *Cognitive Neuropsychology* 22 (3/4): 455–79.

Glassman, Bernie. *Infinite Circle: Teachings in Zen*. Boston: Shambhala, 2003.

Goss, Robert E. e Dennis Klass. 1997. "Tibetan Buddhism and the resolution of grief: The *Bhardo Thodol* for the dying and grieving". *Death Studies* 21: 377–95.

James, William. *Some Problems in Philosophy*. Nova York: Longmans Green, 1911.

Jaynes, Julian. *The Origins of Consciousness in the Breakdown of the Bicameral Mind*. Nova York: Houghton Mifflin, 1976.

Kabat-Zinn, Jon. *Coming to Our Senses*. Nova York: Hyperion, 2005.

Khyentse, Dongzer Jamyang. 2007 (janeiro). "What Makes You a Buddhist?" *Shambhala Sun*.

Kornfield, Jack. *A Still Forest Pool: The insight meditation of Achaan Chah*. Nova York: Quest, 1985. Edição brasileira: *Uma tranquila lagoa na floresta*. São Paulo: Pensamento, s/d.

_____. *The Inner Art of Meditation*. Boulder, CO: Sounds True, 1998.

Kozak, Arnold. 1992. The epistemic consequences of embodied metaphor. *Theoretical and Philosophical Psychology* 12: 302–19.

Lakoff, George e Mark Johnson. *Metaphors We Live By*. Chicago: University of Chicago Press. Edição brasileira: *Metáforas da vida cotidiana*. São Paulo: Educ, 2002.

_____. *Philosophy in the Flesh*. Nova York: Basic Books, 1999.

Magid, Barry. 2002. *Ordinary Mind: Exploring the common ground of Zen and psychotherapy*. Boston: Wisdom. Edição brasileira: *Mente comum – Um diálogo entre o zen-budismo e a psicanálise*. Rio de Janeiro: Fólio Digital, 2016.

McEwan, Bruce e Elizabeth Norton Lasley. *The End of Stress as We Know it*. Washington, D.C.: Dana Press, 2004.

Millan, Cesar. *Cesar's Way: The natural, everyday guide to understanding and correcting common dog problems*. Nova York: Harmony, 2006.

Mipham, Sakyong. *Turning the Mind into an Ally*. Nova York: Riverhead Trade, 2004. Edição brasileira: *Fazer da mente uma aliada*. São Paulo: Patuá, 2014.

_____. *Ruling Your World: Ancient strategies for modern life*. Nova York: Broadway, 2006. Edição brasileira: *Governe seu mundo*. São Paulo: Martins Fontes, 2008.

Newberg, Andres e Eugene D'Auili. *Why God Won't Go Away: brain science & the biology of belief*. Nova York: Ballantine, 2001.

Nietzsche, Friedrich. "On truth and lie in an extra moral sense". In *The portable Nietzsche*, Organização e tradução de Walter Kaufmann, 42–47. Nova York: Penguin, 1954. (Obra original escrita em 1873.)

Passer, Michael W. e Ronald E. Smith. *Psychology: The science of mind and behavior*. Boston: McGraw Hill, 2004.

Pinker, Steven. 1997. *How the Mind Works*. Nova York: Norton. Edição brasileira: *Como a mente funciona*. São Paulo: Companhia das Letras, 2018.

Rilke, Rainer Maria. *On Love and Other Difficulties*. Org. John L. Mood. Nova York: Norton, 1975. Edição brasileira: *Cartas do poeta sobre a vida*. São Paulo: Martins Fontes, 2007.

_____. *Selected Poetry of Rainer Maria Rilke*. Organização e tradução Stephen Mitchell. Nova York: Vintage International, 1989.

Rosenberg, Larry. *Breath by Breath: The liberating practice of insight meditation*. Boston: Shambhala, 1998.

Sapolsky, Robert M. *Why Zebras Don't Get Ulcers*, Terceira edição. Nova York: Owl, 2004.

Siegel, Daniel J. *The Mindful Brain*. Nova York: Norton, 2007.

Segal, Zindal V., J. Mark G. Williams e John D. Teasdale. *Mindfulness-based Cognitive Therapy for Depression*. Nova York: Guilford, 2003.

Sogyal Rinpoche. *Glimpse after Glimpse*. San Francisco: Harper: San Francisco, 1995.

Stevens, John. 2007 (março). The art of peace. *Shambhala Sun*, 68–70.

Suzuki, Shunryu. *Zen Mind, Beginner's Mind*. Boston: Weatherhill, 1970. Edição brasileira: *Mente zen, mente de principiante*. São Paulo: Palas Athena, 1994.

Taleb, Nassim Nicholas. *Fooled by Randomness: The Hidden Role of Randomness in the Markets and Life*. Nova York: Norton, 2001. Edição brasileira: *Iludidos pelo acaso*. Rio de Janeiro: Objetiva, 2019.

Tart, Charles C. *Living the Mindful Life*. Boston: Shambhala, 1994.

Taylor, Shelly. *Health psychology*. Boston: McGraw Hill, 2006.

Thoreau, Henry David. Extraído em 27 de junho de 2007 de http://www.bartleby.com/66/18/60418.html.

Trungpa, Chögyam. *Meditation in Action*. Boston: Shambhala, 1996. Edição brasileira: *Meditação em ação*. São Paulo: Cultrix, 1995.

Walcott, Derek. *Derek Walcott Collected Poems 1948–1984*. Nova York: Farrar, 1986.

Whyte, David. *Clear Mind wild Heart*. Boulder, CO: Sounds True, 2002.

Young, Shinzen. *Break Through Pain: A step by step mindfulness meditation program for transforming chronic and acute pain*. Boulder, CO: Sounds True, 2005.

Young, Shinzen. 2007. *What is Mindfulness?* Extraído em 27 de julho de 2007 de http://www.shinzen.org/shinsub3/What%20is%20Mindfulness.pdf.

CONHEÇA OUTROS TÍTULOS DA EDITORA SEXTANTE

Atenção plena para iniciantes
Jon Kabat-Zinn

Pioneiro em demonstrar os benefícios da atenção plena na terapia de redução do estresse, Jon Kabat-Zinn convida você a transformar a maneira como se relaciona com seus pensamentos e sentimentos, acalmando o barulho interno e despertando para o momento presente.

Neste livro, o autor oferece instruções, respostas e reflexões tanto para quem já conhece as técnicas quanto para quem está começando a trilhar esse caminho. Ele ensina:

- O valor de trazer a atenção ao corpo e aos sentidos
- Como nos libertarmos da tirania dos pensamentos
- Como ver além da narrativa que a nossa mente conta
- Como estabilizar a atenção em meio às atividades do dia a dia
- Quais são os três principais fatores mentais que causam sofrimento
- Como usar a meditação para enfrentar o estresse, a dor e as doenças.

As coisas que você só vê quando desacelera
Haemin Sunim

De tempos em tempos, surge um livro que, com sua maneira original de iluminar importantes temas espirituais, se torna um fenômeno tão grande em seu país de origem que acaba chamando a atenção e encantando leitores de todo o mundo.

Escrito pelo mestre zen-budista sul-coreano Haemin Sunim, *As coisas que você só vê quando desacelera* é um desses raros e tão necessários livros para quem deseja tranquilizar os pensamentos e cultivar a calma e a autocompaixão.

Ilustrado com extrema delicadeza, ele nos ajuda a entender nossos relacionamentos, nosso trabalho, nossas aspirações e nossa espiritualidade sob um novo prisma, revelando como a prática da atenção plena pode transformar nosso modo de ser e de lidar com tudo o que fazemos.

Você vai descobrir que a forma como percebemos o mundo é um reflexo do que se passa em nossa mente. Quando nossa mente está alegre e compassiva, o mundo também está. Quando ela está repleta de pensamentos negativos, o mundo parece sombrio. E quando nossa mente descansa, o mundo faz o mesmo.

Para saber mais sobre os títulos e autores da Editora Sextante,
visite o nosso site e siga as nossas redes sociais.
Além de informações sobre os próximos lançamentos,
você terá acesso a conteúdos exclusivos
e poderá participar de promoções e sorteios.

sextante.com.br